Más allá de

LO QUE TÚ SABES

Grupo ROBIN
BOOK

Barcelona - México
Buenos Aires

Más allá de

LO QUE TÚ SABES

Descubre tus otras realidades y el nexo
entre la física cuántica y la percepción espiritual

Jorge Blaschke

Un sello de Ediciones Robinbook
información bibliográfica
Indústria, 11 (Pol. Ind. Buvisa)
08329 - Teià (Barcelona)
e-mail: info@robinbook.com
www.robinbook.com

© 2008, Ediciones Robinbook, s. l., Barcelona

Diseño de cubierta: Cifra

Fotografía de cubierta: Corbis

Diseño interior: Cifra

ISBN: 978-84-96746-42-8

Depósito legal: B-2.357-2010

Impreso por EGEDSA
Rois de Corella, 12-16, 08205 Sabadell (Barcelona)

Impreso en España - *Printed in Spain*

Índice

Ayer me porté mal con el cosmos.
Viví todo el día sin preguntar nada
sin sorprenderme de nada.
Realicé acciones cotidianas
como si fuera lo único que tenía que hacer.

Wisława Szymborska
(poeta polaca, premio Nobel de literatura 1996)

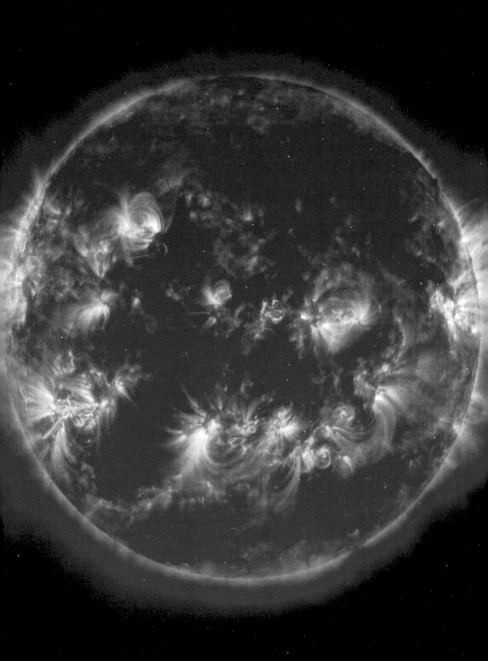

Prefacio

Hace aproximadamente unos 12.000 o 14.000 millones de años, en un punto de singularidad de la nada, es decir, en un lugar que no existía, ya que hablamos de la nada absoluta— se produjo una explosión de magnitudes inimaginables que generó una energía de proporciones desbordantes. Era como si la nada fuese perforada desde el más allá por una corriente de fuerzas misteriosas que creaban, en el mismo instante, el tiempo y la existencia de algo donde antes no había nada, donde no existía nada, ni siquiera el tiempo, ni siquiera un pensamiento capaz de comprender la existencia de algo.

Si sólo existía la nada, ¿cómo pudo crearse algo de nada? La única posibilidad es que, desde fuera de la nada, una energía poderosa la perforase; aunque también nos podemos preguntar ¿cómo se puede perforar la nada o puede haber algo fuera de la nada? Las respuestas a estos interrogantes sólo son factibles si concebimos la existencia de otros universos con otras dimensiones; universos de flujos energéticos, universos cargados de ondas de conocimiento o de fuerzas mentales o espirituales.

A partir de ese instante, el de la aparición de algo en la nada, la energía inicial se fue enfriando y a la vez expandiendo. Poco a poco, los átomos y las moléculas se fueron uniendo para crear objetos materiales envueltos en láminas de llamas, todo ello girando en un inmenso vórtice que se alejaba cada vez más de aquel punto de singularidad.

Gigantes y enanas bolas de fuego empezaron a arremolinarse en millones de millones de grandes galaxias que seguían separándose las unas de las otras mientras giraban en el espacio. Alrededor de aquellas bolas de fuego, millones de fragmentos pétreos de gran variedad de minerales se conglomeraban formando infinitos cuerpos más fríos que giraban entorno a las brillantes bolas de fuego. Era la creación de la materia no luminosa, en la que se produciría un nuevo paso de aquel espectacular fenómeno que empezó con una explosión en la nada. En algunos de aquellos mundos esparcidos por todas las galaxias, especialmente los que reunían unas condiciones apropiadas de temperatura, se produciría otro fenómeno muy especial. Las moléculas empezarían a reagruparse en cadenas espirales, como si fuese un hecho programado, formando algo que más tarde conoceríamos como los inicios de la vida. El cosmos completaba así otro paso definitivo de su creación.

En algunos casos con suerte, en otros con rotundos fracasos, la vida desarrolló animales que tras tortuosas evoluciones se convirtieron en seres inteligentes. Era el mayor triunfo de aquel suceso que se inició con una explosión en la nada, ya que aquellos seres empezaron a tomar consciencia de sí mismos y a observar el Universo que los contenía. Ahora, todo este gran Universo sólo espera que esa consciencia se ponga en contacto con la consciencia cósmica que le rodea.

De ese Universo que nos rodea, uno de los posibles universos que existen, sabemos que contiene: una energía oscura en más de su 70 %; una materia oscura exótica que representa un 26 %; una materia común no luminosa, que es de un 3,5 %; y la materia ordinaria visible que apenas alcanza al 0,5 %. Entre todo ello, hay un espacio del que sospechamos que existen dimensiones supernumerarias que ni siquiera podemos intuir.

Sobre nuestro entorno sabemos que vivimos en un planeta que gira sobre sí mismo cada 24 horas, al mismo tiempo que gira alrededor del Sol a unos 100.800 kilómetros por hora. El Sol, así mismo, gira entorno al centro de nuestra galaxia a 780.000 kilómetros por hora; mientras que nuestra galaxia se aproxima a la galaxia de Andrómeda, la más próxima, a 1.000.000 de kilómetros por hora. Todo un vértice de giros impresionantes, un movimiento constante del que apenas tenemos consciencia.

En cualquier caso, este complejo Universo que perforó la nada creando el tiempo, la materia y la vida, puede formar parte de infinitos universos que siguen perforando otras «nadas» para solidificarse o existir con las más exóticas y rutilantes cualidades.

Pensar en todo esto de una manera fría y materialista pude desbordar nuestra mente con torrentes angustiosos e inquietantes, a no ser que demos un cariz espiritual a ese cosmos, lo dotemos de una consciencia como la nuestra y comprendamos la necesidad imperante de ponernos en contacto con él, ya que, al fin y al cabo, somos parte de él, somos la forma que él ha creado para que lo comprendamos.

La inteligencia nos ha permitido pensar en lo que somos e interrogarnos acerca de lo que nos rodea. Sabemos que hay un macrouniverso y un microuniverso, empezamos a intuir otros universos completamente distintos al nuestro en cualidades, dimensiones y fenomenología. Desconocemos cuál será el siguiente paso en la evolución de nuestra mente; tal vez vamos hacia una «supermente» capaz de comprender ideas complejas que ahora somos incapaces de intuir, pero lo que es evidente es que estamos inmersos en un proceso evolutivo que cada vez desarrolla más capacidad de comprender qué somos, por qué estamos aquí, de dónde ha salido todo lo que nos rodea y cuál es nuestro destino en este escenario cósmico.

Introducción

Cuanto más nos adentramos en el mundo de las partículas elementales, descubrimos que existen otras realidades que nos transportan a una nueva espiritualidad.

Se abren puertas que dan paso a una nueva percepción de lo que nos rodea y forma parte de nosotros. Puertas que nos llevan a replantearnos todas las creencias que teníamos y que nos hacen evocar aquellas preguntas que obsesionaban al antropólogo Teilhard de Chardin: ¿por qué hay cosas?, ¿por qué tienen fin?, ¿de dónde ha surgido este ser que hay en mí, que soy yo y que no sabe la razón profunda de su existencia? Pero también empezamos a escrutar las primeras respuestas, algo que haremos sin miedo a enfrentarnos a nuevos mundos rutilantes distintos del que vivimos, pero cargados de infinitas posibilidades de existencia y de eterna continuidad.

«La realidad es sagrada, porque es holística.»

Krishna

«Sila ersinarsinivdluge.» («No tengas miedo del Universo.»)

Dicho chamánico

Hasta ahora, las creencias en los fenómenos extrasensoriales —telepatía,[1] telequinesia,[2] retrocognición,[3] precognición,[4] remisión espontánea,[5] bilocación,[6] etc.—, habían sido desmitificadas por la ciencia y la racionalidad. Sin embargo, el nuevo paradigma[7] científico basado en los descubrimientos de la física cuántica, la cosmología de los infinitos universos paralelos y, también, los conocimientos heredados de las tradiciones filosóficas antiguas (como los *Upanishads* indios), están conformando unas nuevas y fantásticas posibilidades para comprender la existencia que vivimos. Todos estos descubrimientos y la emergencia de una nueva mente en nosotros mismos son cuestiones que nos sugieren que muchos sucesos extraños que se han calificado como leyendas, utopías o fantasías se pueden integrar en la incertidumbre cotidiana, anunciándonos la existencia de «otras realidades», «otras verdades», otros universos que se entremezclan con el nuestro. Así, muchos acontecimientos extraordinarios, como la visión de alienígenas, fantasmas, entidades mágicas o ángeles, podrían revelarse como fenómenos que evidenciarían la posibilidad de que existieran instantáneos contactos con otras dimensiones, puertas que se abren a otros universos.

«¿Y escribiré cosas de las que no hay que hablar, y divulgaré aquello que no debería divulgar? ¿Pronunciaré lo impronunciable?»

Juliano (*Himno a la Madre de los Dioses*)

1. Transmisión del pensamiento de mente a mente.
2. Capacidad de mover objetos con el pensamiento.
3. Visión del pasado.
4. Visión del futuro.
5. Curación inexplicable de una enfermedad mortal.
6. Facultad de dividirse en dos o de poder estar en dos lugares al mismo tiempo.
7. Según Thomas Khun, un paradigma es un conjunto de presupuestos compartidos, y las categorías mismas, explícitas de un campo de la ciencia. El paradigma es la concepción compartida de lo que es posible, los límites de la investigación admisible, los casos extremos.

Por experiencia propia, he podido constatar que todo el mundo ha experimentado, por lo menos una vez en su vida, un suceso que no ha podido clasificar en lo que entendemos como normal o racional. Cuando hablamos con la gente y hemos adquirido el grado suficiente de confianza para interrogarles sobre sus experiencias relacionadas con estos hechos insólitos e inexplicables, vemos que todos han vivido algún tipo de suceso anormal o paranormal. Algunos han sentido que se desdoblaban, otros han visto algún fantasma, se les ha movido algún objeto, han sido visitados por parientes muertos, han oído voces extrañas, han soñado con sucesos que se han convertido en realidad, han sentido que alguien les tocaba, han tenido precogniciones, han sufrido muertes clínicas que les han permitido ver todo lo que ocurría a su alrededor mientras ellos yacían inconscientes, han penetrado en un extraño túnel de luz, han visto transcurrir en pocos segundos su vida entera como si fuera una película a gran velocidad, han sentido que ya habían estado en aquel lugar que visitaban por primera vez..., y un largo etcétera de experiencias inexplicables.

«La espiritualidad nació en el Próximo Oriente, se desarrolló en Asia central, envejeció en Irán, se volvió loca en Europa y viajó a América para morir.»

Idries Shah (*Un escorpión perfumado*)

Las personas creen en todos estos hechos, los han vivido, pero se avergüenzan de manifestarlos y no los revelan si no es en una profunda intimidad. Hoy, la física y la cosmología cuántica, así como algunas tradiciones milenarias, pueden empezar a dar respuesta a todos estos acontecimientos, unas respuestas que no se ajustan a lo racional del mundo en que vivimos, ni tampoco a las religiones que nos quieren amparar con sus historias infantilizadas.

Todas las personas, en todos los lugares del mundo, en un instante u otro de sus vidas, buscan algo insondable que habita en su cerebro. No saben exactamente qué es, pero sienten en lo más abismal y profundo de ellas que hay algo en sus vidas que se está perdiendo, que les falta. Ésa es quizá una señal que nos indica que debemos detenernos, mirar, escuchar unos cuantos días y unas cuantas noches, sentir de otra forma, meditar sobre nosotros mismos. Este libro no es una especulación fantasiosa, sus páginas recogen las conclusiones de los más eminentes científicos y pensadores del mundo, aquellos que nos hablan de agujeros negros, de túneles de gusano (o puentes de Einstein-Rosen) en un espacio de cuatro dimensiones, de universos paralelos, de la existencia de otras dimensiones y de la relatividad del tiempo y del espacio; y también se reflejan aquí las investigaciones de los médicos y neurólogos que están descubriendo que la mente cuántica está unida al Universo y a otros universos. Todos estos descubrimientos nos revelan la existencia de otras realidades, otros mundos, y nos dan respuesta a sucesos que hasta ahora no sabíamos explicar.

«La ironía es el resultado de estar atrapados entre dos visiones del mundo, una ya agonizante y la otra luchando por nacer.»

Soren Kierkegaard (*El concepto de la ironía*)

Para adentrarnos en este nuevo paradigma, empezaremos por replantearnos si la realidad es tal como la vemos, si nuestro mundo fenoménico está aquí o sólo es un espejismo que ha creado nuestra mente y ha condicionado nuestra forma de ver las cosas. También tendremos que adentrarnos en el mundo de la física cuántica, un mundo muy cercano a un concepto animista que nos recuerda que somos parte del proceso que acontece dentro de un universo, o infinidad de universos, y en donde todas las teorías, sin restricciones, son posibles.

A lo largo de este recorrido veremos cómo las tradiciones milenarias de nuestro mundo ya recogían en sus viejos pergaminos sagrados los fundamentos de todo este nuevo paradigma con el que nos enfrentamos, y que su mensaje está más vigente que nunca. Exploraremos los misterios de nuestra mente

que están en continua evolución, sumidos en un proceso que no ha terminado y que nos revela que algo está emergiendo en nuestro cerebro y que algunos seres humanos ya se encuentran en otro estadio de esa gran cadena evolutiva. Hablaremos de los niños como seres privilegiados dentro de ese proceso evolutivo, ya que poseen unas facultades perceptivas que, desgraciadamente, van perdiendo a medida que crecen y que el sistema social y educativo imperante les inculca los falsos valores de nuestra sociedad.

«El aire está lleno de nuestros gritos. Pero la costumbre nos deja sordos. Lo único que podemos hacer es pensar de nuevo.»

Samuel Beckett (*Esperando a Godot*)

«Morimos al final de un pensamiento y renacemos en el siguiente.»

Swami Nytyabodhananda

Al considerar el concepto de tiempo veremos que ese aspecto relativo puede transcenderse, y que en realidad se esta transcendiendo en muchas ocasiones. A través de las nuevas teorías de la cosmología nos adentraremos en los multiuniversos y empezaremos a explorar la causa de muchos fenómenos que hemos considerado extrasensoriales. El mundo de los fantasmas, las hadas y nos gnomos no es tan ilusorio como nos han hecho creer, y se encuentra tanto en lo más profundo de nuestra mente como en lo más cercano a nuestro Universo.

También recorreremos el mundo onírico, donde las fronteras del espacio y del tiempo son transgredidas cada noche. El mundo de los sueños es un ámbito que debemos abordar desde la nueva visión de los neurólogos cuánticos y la sabiduría de las tradiciones milenarias.

Finalmente, nos preguntaremos: ¿dónde está Dios en todo este nuevo paradigma? Buscaremos la respuesta en la física cuántica y en la cosmología emergente, y veremos cómo es necesario reconstruir este concepto, verlo desde una perspectiva nueva, más espiritual y panteísta, que nos lleve a la idea de un Universo cuya consciencia hace millones de años que intenta comunicarse con nosotros, pequeños seres que emergimos en uno de los millones de planetas del Universo, que compartimos la misma base molecular y genética y que nos encontramos en una etapa evolutiva de consciencia que empieza a entrever el significado profundo de su existencia.

1

¿Qué es la realidad?

Nuestro problema es que nos hemos criado con una visión literal del mundo. Nos han educado para ver sólo con los ojos, en una visión única. Cuando lo sobrenatural irrumpe en nosotros transformando lo profano en algo sagrado y asombroso, no estamos preparados.

Patrick Harpur *(Realidad daimónica)*

EL SISTEMA CONSPIRA CONTRA NOSOTROS

Durante miles de años, nuestra mente se ha visto condicionada a utilizar su medio de percepción (nuestros sentidos) para sobrevivir en el entorno donde iba evolucionando, ajustando su visión, su tacto, su olfato... a la presunta realidad que veía o a una de las realidades existentes. Es decir, se nos ha educado para ver el mundo tal como lo entendía la cultura vigente, un mundo que seguía siendo material y que estaba separado de nosotros. Es ahora cuando empezamos a entrever que todo lo que vemos y todo lo que creemos que somos son puras ilusiones, meras imaginaciones de nuestra mente. Sin embargo, aún nos preguntamos qué es lo que sabemos en realidad, y la respuesta es muy evidente: nada.

«Y que sepas que tú y todos los mundos son siempre imaginación, en una imaginación de una imaginación.»

Shaykh Malam An-Nasir Al-Kabari

Los occidentales creemos que vivimos en un mundo mecanicista y material lleno de *casualidades,* un mundo de dualidades. Nos conocemos los unos a los otros por casualidad y llegamos a saber cosas por casualidad. En el pensamiento islámico, el mundo es determinista, todo está escrito, el destino ya está fijado, las personas nos conocemos unas a otras porque estaba escrito que así fuera, porque estaba en el destino prefijado, un mundo donde el libre albedrío no tiene cabida. El pensamiento oriental es *causal,* nos conocemos los unos a los otros porque existe una causa, todo en el mundo y en el Universo tiene una causa, nosotros formamos parte del Todo.

Los occidentales creemos vivir en la realidad, aunque esa realidad sea engañosa, y educamos a nuestros hijos en un mundo cada vez más mecánico e irreal. Valga la siguiente anécdota para confirmar este hecho: «Un padre y su hijo de diez años, este último adicto a los videojuegos, viajan en automóvil por un camino lleno de barro en una noche fría y lluviosa. Tienen un pinchazo en una de las ruedas, y el padre desciende del automóvil en plena tormenta para arreglarlo. En un momento dado, el padre obliga a su hijo a bajar del vehículo para ayudarlo. El niño protesta por la inclemencia del tiempo y teclea desesperadamente los mandos del videojuego hasta que el padre se lo arrebata al tiempo que argumenta: ¡No, hijo, no. No puedes cambiar lo que nos rodea..., esto es la realidad!».

> «El mundo de la multiplicidad no es real ni irreal, sino fenoménico, algo que se percibe, pero no se sabe de donde viene [...]. Lo real aparece cuando vamos despejando nuestra consciencia de lo conocido, cuando se va descubriendo lo falso como falso.»
>
> Doctora Consuelo Martín

Pero ¿de verdad es la realidad lo que el padre anuncia a su hijo? Es una realidad que vemos, una construcción que se ha hecho nuestra mente. El ser humano no ve las cosas como son, sino como le aparecen en sus sentidos condicionados. El padre y el niño son átomos que vibran u ondas que se mueven, que saltan de uno al otro entre una mayor actividad eléctrica con moléculas de agua que se entremezclan con las que forman el cuerpo del padre y del hijo, entre vibraciones de sonidos y cambios bruscos de temperatura.

Percibimos una forma de la realidad, unas imágenes que se materializan en nuestro cerebro y que, a menudo, no existen. A nuestro alrededor existe un abanico de señales, ondas, energías y vibraciones que no percibimos. Materialmente hablando, existe un mundo restringido para el ser humano que no captamos con nuestros exiguos receptores sensoriales. La retina sólo se excita por una longitud de onda entre 400 y 700 milimicrones; el resto de las ondas son desconocidas para nosotros. Nos perdemos una gran gama de colores. La realidad es que el ojo humano sólo recibe una trillonésima parte de la información que le llega. Existen animales que ven lo que nosotros no captamos, su olfato percibe aromas que nosotros desconocemos, y hay aves que vuelan a través de líneas geomagnéticas invisibles para nuestros sentidos.

En lo que respecta a nuestro oído, sólo responde a impulsos sonoros entre los 16.000 y 20.000 hercios. El resto de fantásticos sonidos es un mundo de silencio para nosotros, como lo es para la visión los rayos X y gamma.

«¿Por qué nosotros, los seres humanos, sólo experimentamos una realidad?»

Marcus Chown (*El Universo vacío*)

«Si las puertas de la percepción estuvieran abiertas, cada cosa sería para el hombre como es, infinita.»

William Blake

Hasta ahora hemos vivido en la realidad del paradigma newtoniano. Un día, el método científico se planteó una nueva hipótesis, experimentó con ella, sacó conclusiones y obtuvo una nueva «verdad». Esta nueva verdad no era ni es necesariamente definitiva, pero es la que funciona en este momento: es el paradigma cuántico, del que ya hablaremos en el capítulo siguiente.

«La palabra "elección" es un fraude mientras la gente elija sólo lo que le han enseñado a elegir.»

Idries Shah (*Reflexiones*)

Aunque el nuevo paradigma entraña una nueva realidad, otra forma de ver el mundo y de vernos a nosotros mismos, sin embargo, la gente prefiere permanecer en lo que cree, que es lo que le han enseñado en la escuela, en su entorno, a través de las creencias religiosas, aunque eso no es la realidad, pero es lo que le da un falsa seguridad.

El nuevo paradigma asusta porque transforma la realidad en la cual la gente vive cómodamente. Sucede como con las creencias religiosas: no estamos seguros de ellas, pero nos asusta cuestionarlas y descubrir sus falsedades, ya que eso nos dejaría sin un fundamento en que creer, en que basar todos los esfuerzos de nuestra vida. Desmontar las creencias produce ansiedad, miedo.

Pero no conocer las respuestas a los misterios que nos rodean no debe significar conformismo, debe significar un desafío para seguir buscando. No nos vaya a ocurrir que tras años de mecanicismo, condicionamientos y culto a los falsos valores finalmente nos ocurra lo que nos argumenta Joseph Campbell, es decir, que «alcanzamos el último peldaño de la escalera y descubrimos que está apoyada contra la pared equivocada».

EL REINO INTERMEDIO: ENTRE LO ESPIRITUAL Y LO MATERIAL

La realidad es que el modelo del antiguo paradigma mecanicista no nos ha liberado de los sufrimientos, no ha dado respuesta a nuestras preguntas más inquietantes.

Sólo nos sumió en incertidumbre y ansiedad, fue como determinadas religiones que todo lo resumen en tener fe y respetar los dogmas. Aun más, el antiguo paradigma, nos ha aportado más problemas que beneficios, ya que ha desarrollado un método materialista, dualista y una forma de ver la vida sin ninguna espiritualidad, sin ningún sentimiento por la naturaleza, sin necesidad de contemplar al ser humano como actor participante en el escenario.

«...la oscuridad mental en que vivimos normalmente, sin distinguir las sombras de la realidad, ignorantes de la sustancia de las cosas, confundiendo luz con iluminación, ignorantes del mundo real presidido por el único Iluminador divino.»

Patrick Harpur (*El fuego secreto de los filósofos*)

Al margen del sistema mecanicista ya obsoleto, el antiguo paradigma newtoniano nos llevó a desterrar los sentimientos y la subjetividad, sólo existía lo racional y lo objetivo. No había emociones ni intuiciones. Todo era predecible y determinista. Afortunadamente, la mecánica cuántica viene a rescatarnos de esa realidad mecánica, determinista y fría. El mundo conservador se opone ferozmente a un cambio de paradigma, porque significa cambiar los modelos actuales de consumismo, sus creencias, sus *modus vivendi,* su investigación ortodoxa centrada en el consumismo, lo convencional y lo cómodo.

Admitir que la realidad en que vivimos es falsa y que lo que vemos no es lo real se convierte en la posibilidad de codificar lo que percibimos de otra manera, ver otras realidades. Tenemos que empezar a plantearnos la posibilidad de que si queremos cambiar el mundo que nos rodea tenemos que empezar a imaginarlo de otra forma, por inquietante que sea la visión.

«En un cáliz de oro está oculta la faz de la verdad, descúbrelo tú.»

Pusana

«...aún seguiré guardando las celosas llaves de las puertas eternas de la verdad.»

Shelly (*El triunfo de la vida*)

EL NACIMIENTO DE ALGO NUEVO

Para comprender la posibilidad de que existan otras realidades debemos transformar nuestra forma de pensar, de ver el mundo. Debemos ampliar nuestro conocimiento a otros estados de conciencia que nos abran las puertas a otras realidades. El conocimiento es transformador y se convierte en una necesidad de gran actualidad en este cambio de paradigma, es la máxima aventura existencial. El mundo y lo que nos rodea no es lo que nosotros pensamos, es mucho más, y nosotros formamos parte de ese Todo; es más, estamos inexorablemente conectados a ese Todo, somos parte del proceso, somos el proceso y, como dice la bella frase de Francis Thompson, «no podemos arrancar una flor sin perturbar una estrella».

Ocurre que el acceso a la nueva realidad que está naciendo a través del emergente paradigma y los conocimientos que comporta, sólo es accesible a través de nuestra conciencia cuando se encuentra «modificada». Es entonces cuando accedemos a otra forma de concebir el mundo, a otra realidad sin espacio ni tiempo. Es la antigua visión que tenían los místicos, pero a la que ahora nos acercamos a través de una experiencia cumbre.

«Si estamos proyectando imágenes en el espacio constantemente, nuestra imagen del mundo es, en realidad, una creencia virtual.»

Lynne McTaggart *(El campo)*

A partir del momento en que se ha vivido un nuevo estado de conciencia a través de una experiencia cumbre, somos capaces de preguntarnos cuál es la verdadera realidad. ¿Es el mundo ordinario una visión de una realidad múltiple? Las experiencias cumbre nos llevan a otras realidades y nos demuestran que las cosas no son lo que parecían y que el mundo en que vivimos es una irrealidad que frena nuestras posibilidades de trascendencia hacia otras realidades más ricas e interesantes. Pero, para ello, hay que ver con otra forma de pensar. Todo depende de cómo lo miremos, ya que al «vivenciar» los nuevos niveles de realidad se pierde lo falso y lo ilusorio. En los próximos capítulos iremos abriendo esas puertas de la percepción, para poder conectar con otros mundos.

«Entréme donde no supe / y quedéme no sabiendo, / toda sciencia transcendiendo. / Yo no supe dónde entraba, / pero cuando allí me vi, / sin saber dónde me estaba, / grandes cosas entendí; / no diré lo que sentí, / que me quedé no sabiendo / toda sciencia transcendiendo.»

San Juan de la Cruz

PARA FORMAR PARTE DEL NUEVO PARADIGMA

- Tienes que forzar tu mente para ver más allá de nuestros limitados sentidos.
- Empezarás por aceptar que la realidad que vemos es falsa. No te opongas a los cambios y construye nuevos valores.
- Tienes que cuestionar la realidad sin miedo, con afán de descubrir lo verdadero, con espíritu de rodearte de nuevas inquietudes.
- Descubre lo falso como falso y admítelo en tu cerebro.
- Ten consciencia de que tu ser está constituido por moléculas (a veces ondas) que vibran, y que en nuestro interior hay vacíos inmensos.
- Desarrolla tu sensibilidad para percibir lo que no ves y no sientes, esos fenómenos que te rodean, esas líneas geomagnéticas que te envuelven.
- Todo lo que acaece tiene una causa, busca esa causa, medita sobre ella.
- Tienes que abrir las puertas de la percepción y estar preparado a la llegada de lo que crees que es sobrenatural.

2

Nada es lo que parece

*Aquel que no se asombra cuando se encuentra
por primera vez con la teoría cuántica es que,
posiblemente, no se ha enterado de nada.*

Niels Bohr

EXISTEN OTRAS REALIDADES QUE ESTÁN Y NO ESTÁN AQUÍ

La física cuántica nos está desvelando que existen otras realidades, otros universos, y que en todo ello cabe una nueva espiritualidad. Sin embargo, inicialmente, para comprender el nuevo paradigma en que nos sumerge la física cuántica es necesario conocer las diferencias básicas entre la física clásica y la cuántica. Unas diferencias que nos llevan a un nuevo paradigma.

> «Los últimos descubrimientos en el campo de la física cuántica y las neurociencias permiten realizar una nueva aproximación espiritual a la realidad científica.»
>
> William Arntz, Betsy Chasse y Mark Vicente *(¿¡Y tú qué sabes!?)*

Inicialmente, destaquemos que la geometría euclidiana, en la que basamos todas nuestras estructuras, no nos sirve ante fenómenos como el colapso gravitatorio, los agujeros negros, los espacios bidimensionales, los agujeros de gusano, etc.

La física clásica, en la que fundamentamos nuestro mundo, es determinista: si sabemos la posición y la velocidad de un objeto, se puede determinar adónde va. Contrariamente, la física cuántica, es probabilística: nunca se puede saber con seguridad absoluta en que se convertirá una cosa en concreto. La física clásica es reduccionista: si se conocen las distintas partes se entiende el todo. La física cuántica es holística: el Universo es un todo unificado cuyas partes interactúan unas contra otras.

En la física clásica, el observador observa el Universo. En la física cuántica, el observador influye en lo observado y participa. No es posible observar la realidad sin cambiarla. Somos parte de la naturaleza y, cuando estudiamos la naturaleza, no podemos eludir el hecho de que es la misma naturaleza la que se está estudiando a sí misma.

«El nuevo paradigma está cerca del animismo o del chamanismo [...] se trata de unirse a la naturaleza, al Cosmos, y sentir sus fuerzas, fluidos, energías y espíritus que la animan.»

Frédéric Lenoir
(La metamorfosis de Dios)

La física cuántica va más allá de lo material. Al escuchar a los físicos cuánticos da la impresión que se está escuchando a un maestro de zen o a un maestro hindú descifrando lo más profundo de los *Upanishads*. Los físicos cuánticos, igual que los antiguos sabios de la India, saben que la clave para la comprensión del Universo somos nosotros mismos.

Para Ken Wilber, según apunta en *Cuestiones cuánticas,* la gran diferencia entre la antigua y la nueva física es a la vez más simple y mucho más profunda: tanto una como la otra sólo se ocupan de sombras y de símbolos, «pero la nueva física se vio obligada a hacerse consciente de este hecho», se vio forzada a darse cuenta de que estaba ocupándose de sombras e ilusiones, no de la realidad.

Barnard d'Espagnat destaca el hecho de que la doctrina según la cual el mundo está formado por objetos cuya existencia es independiente de la conciencia humana se halla en conflicto con la mecánica cuántica y con hechos que se han establecido experimentalmente. En pocas palabras, los físicos cuánticos y cosmólogos de hoy están admitiendo en sus teorías mecanicistas la existencia de una consciencia profunda, de un espíritu universal, de una conexión mental entre el ser humano y el Universo. Si bien, por una parte, la física de Newton sigue siendo aplicable al mundo de la gran escala —con muchas dudas cuando nos enfrentamos a teorías referentes a universos paralelos o universos contenidos en otros universos, ya que la física cuántica dice que vivimos simultáneamente en varios mundos, incontables, y todos ellos reales, tema que abordaremos más adelante—, no tiene validez en el mundo subatómico, es inoperante en el mundo de lo infinitamente pequeño.

EL MUNDO NO ES LO QUE NOSOTROS PENSAMOS

En el campo subatómico no se puede conocer con absoluta precisión al mismo tiempo el momento y posición de una partícula. Se pueden conocer ambas cosas aproximadamente, pero mientras más se sabe de la una menos se sabe de la otra. Esto es lo que se conoce como «principio de incertidumbre», de Werner Heisenberg (1901-1976), uno de los físicos cuyos comentarios recoge Ken Wilber, como editor, en *Cuestiones cuánticas*.

> «Somos parte de la naturaleza, y cuando estudiamos la naturaleza, no puede eludirse el hecho de que es la naturaleza la que se está estudiando a sí misma.»
>
> Gary Zulav

La realidad es que el mundo tal vez no es lo que nosotros pensamos. Es posible que sea más, mucho más. La mecánica cuántica también revela que no es posible observar la realidad sin cambiarla. Así, si observamos un experimento relacionado con la colisión de determinadas partículas, no sólo no se puede probar que el experimento daría el mismo resultado si no se estuviera observando, sino que, inversamente, todo parece indicar lo contrario: el resultado no sería el mismo puesto que el resultado obtenido está afectado por el hecho de que se está observando. Vemos cómo, en la física cuántica, el observador no se puede eliminar del conjunto del cuadro general.

«Lo que observamos no es la naturaleza en sí, sino la naturaleza expuesta a nuestro método de interrogación.»

Werner Heisenberg

La mecánica cuántica ve las partículas subatómicas, a veces como partículas y otras veces como ondas, pero siempre como «una tendencia a existir» o «una tendencia a ocurrir». La física cuántica no se basa en el conocimiento de la «verdad absoluta», sino en nosotros mismos.

El más sorprendente descubrimiento en la física cuántica es que las partículas subatómicas parecen estar tomando decisiones de manera constante, y las decisiones que aparentemente toman están basadas en otras decisiones programadas en cualquier otra parte. Y aun más, las partículas subatómicas parecen conocer instantáneamente las decisiones que son tomadas en otras partes. Este hecho, que se halla demostrado en el llamado efecto EPR (Einstein-Podolsky-Rosen), nos lleva a aceptar que todas las cosas de nuestro Universo que parecen existir independientemente (incluidos nosotros) son parte de un todo, algo que nos suena a los planteamientos de los antiguos misticismo orientales.

LA CLAVE ESTÁ EN NOSOTROS MISMOS

Hoy, los científicos cuánticos creen que la clave para la comprensión del Universo está en nosotros mismos. Es evidente que si la nueva física nos ha conducido a alguna parte, ha sido al encuentro de nosotros mismos. Al único lugar, desde luego, al que podemos ir.

El ser humano es parte inseparable de esa totalidad que llamamos Universo, sin embargo, en una especie de ilusión óptica de nuestra consciencia, nos experimentamos a nosotros mismos y a nuestros pensamientos y nos sentimos como algo separado del resto. Einstein insistía en que la distinción entre pasado, presente y futuro es solamente una ilusión, ya que en su teoría de la relatividad general los sucesos no se desarrollan, simplemente son.

«...eternamente y siempre hay tan sólo ahora, uno y el mismo ahora; el presente es la única cosa que no tiene fin [...] para la mente existe siempre un ahora, no existe en realidad antes y después para la mente; sólo existe un ahora que incluye memorias y expectativas.»

Erwin Schrödinger

A veces, escuchando o leyendo a los físicos cuánticos, da la impresión que estamos ante maestros orientales y que no nos hablan de física, sino de filosofía, misticismo y espiritualidad. Esto es lo que sucede con Erwin Schrödinger (1887-1961), premio Nobel de física en 1933, y cuya «ecuación de onda Schrödinger» se convirtió en el núcleo central de la moderna mecánica cuántica. Schrödinger destaca: «El tú mismo —formado por conocimientos, sentimientos, etc.— no ha podido surgir de la nada en un momento dado. Los conocimientos, los sentimientos y la elección son eternos e inmutables y numéricamente uno en todos los seres humanos [...]. Todos estamos en todo, y nuestras vidas no son piezas, sino totalidad. Somos la totalidad del mundo [...] también eternamente y siempre únicamente existe el ahora, un único y mismo ahora ya que el presente es lo único que no tiene fin». Ilya Prigogine (premio Nobel de química en 1977), el científico que tendió un puente entre la termodinámica clásica y la teoría de la evolución, explica cómo puede surgir un orden a partir del azar. Sus trabajos manifiestan como la termodinámica puede dar cuenta del tiempo lineal y del cíclico, pues demuestra que la flecha del tiempo apunta inequívocamente hacia el equilibrio y, además, verifica también que el propio proceso al avanzar hacia esa meta puede generar un comportamiento repetitivo. Lo que nos acerca a los ciclos hinduistas y kármicos.

«La materia, sea lo que fuese, no tiene nada en esencia. Es completamente insustancial. Lo más sólido que se puede decir de ella es que se parece mucho más a un pensamiento. Es como una pizca de información concentrada.»

Jeffrey Stinover

«El origen del espíritu es un proceso por el cual se engendra el átomo vía energía.»

Frank Hatem

Prigogine cree que «estamos lejos de la visión monolítica de la física clásica y que ante nosotros se abre un Universo del que apenas comenzamos a entrever las estructuras». Asimismo, afirma que «la materia, en condiciones alejadas del equilibrio, adquiere básicamente nuevas propiedades: la posibilidad de comunicación en tiempos y distancias macroscópicas, y, finalmente, la posibilidad de memoria correspondiente también a una solución temporal de diversas bifurcaciones». Es interesante observar que esta clase de propiedades siempre se ha atribuido en el pasado a sistemas vivos, ahora se puede atribuir a sistemas no vivos. Pero todo esto también significaría que el ser humano en otras condiciones distintas también adquiriría nuevas propiedades. Todo eso nos lleva a aceptar la idea, antes considerada de ciencia ficción, de la existencia de alienígenas con propiedades telepáticas o poderes mentales extraordinarios, así como de seres de otras dimensiones que podrían entrar y salir de nuestro mundo de tres escasas dimensiones más otra temporal.

LHC: LA NUEVA CATEDRAL SAGRADA DE LA FÍSICA CUÁNTICA

Ocurre que a nuestra mente condicionada y racionalista le cuesta comprender otro mundo con otras dimensiones. Estamos condicionados mentalmente a entender una realidad con cuatro dimensiones: largo, ancho, alto y el tiempo. Y no es difícil tratar de comprender que pueden existir otras realidades en las que estas cuatro dimensiones no existan. Puede existir otra realidad en la que la materia no sea esencial, una realidad en la que lo esencial sea la información concentrada, un Universo en el que la esencia de la vida sea la información ocupando un todo no material. No cabe duda de que esa esencia de la vida sería más espiritual que material, sería en sí misma un Dios o millones de dioses.

«Puede que el Universo, efectivamente, tenga más dimensiones de las que se observan, y que estén enrolladas, escondidas para nuestros sentidos.»

David Gross (físico, teórico y premio Nobel)

Todo un mundo maravilloso está oculto a nuestros sentidos, millones de realidades que desbordarían nuestra mente en un torbellino alucinante. Se trata de otras realidades que algún día entenderemos, cuando nuestro cerebro, trabajando al cien por cien y más evolucionado, sea capaz de captar el «todo».

Para comprender las nuevas teorías e hipótesis, los físicos cuánticos están construyendo un gran laboratorio, una catedral de la física, un nuevo santuario sagrado que nos revelará otras realidades: el LHC.[8]

En la frontera de Francia y Suiza, y a una profundidad de entre 50 y 150 metros se encuentra un anillo de 27 kilómetros donde están instalados 1.650 grandes imanes superconductores. Una compleja instalación realizada con una precisión de una décima de milímetro, y un sistema criogénico que mantiene ese anillo a 271 grados bajo cero. Por el anillo girarán partículas a velocidades próximas a la luz y en sentidos distintos que colisionarán entre ellas produciendo nuevas partículas. Las colisiones serán registradas por una cámara digital de 12.500 toneladas de peso, conocida como CMS, con 100 millones de píxeles que captan imágenes tridimensionales de las colisiones de partículas 40 millones de veces por segundo.

«Según la teoría, hay muchos universos posibles, un número muy grande, y podrían estar todos coexistiendo, pero vivimos en uno de ellos y no sabemos en cuál, no entendemos cómo seleccionar el correcto.»

Juan Maldacena (Instituto de Estudios Avanzados de Princeton, especialista en teoría de Cuerdas)

8. Large Hadron Collider (gran colisionador de hadrones), el nuevo acelerador de partículas, que entra en funcionamiento a inicios de 2008.

Con el LHC, los físicos cuánticos tratarán de comprobar la existencia de la partícula llamada «bosón de Higgs» (la única partícula del modelo estándar de la física de partículas aún no observada), pero también algo más, como la «firma» de dimensiones extras, ya que puede que vivamos en un Universo no de cuatro dimensiones, sino de cinco, seis y hasta once.

El LHC es la clave de la existencia de otros universos, de la teoría de Cuerdas, de los agujeros de gusano y de las respuestas más sofisticadas sobre nuestra existencia.

SOMOS MICROCUERDAS TRATANDO DE DEMOSTRAR QUE EXISTEN OTROS UNIVERSOS

Sabemos que hay átomos que están hechos de núcleos y electrones a su alrededor. El núcleo es una estructura compleja formada por protones y neutrones, a su vez formado por diferentes quarks.

«Las extradimensiones podrían ser el gran descubrimiento en los próximos cinco años.»

Lisa Randall (física de Harvard)

«El hecho de que nadie haya observado una violación de una ley física, matemática o geométrica, no demuestra que éstas sean necesariamente ciertas. Sólo podemos concluir que es muy probable que la ley sea válida la próxima vez que sea sometida a comprobación.»

Paul Davis (La mente de Dios)

Todo el Universo está hecho de esas partículas elementales, pero la teoría de Cuerdas propone que esas partículas, en lugar de ser objetos puntuales, son objetos alargados, literalmente, cuerdas que sólo serían observables a altísimas temperaturas o a niveles altísimos de energía, como en una situación en que se dieran las condiciones del Big Bang. Con el LHC, los científicos imitarán como fue el Universo justo después del Big Bang, pero también tratarán de demostrar que existen otros universos cuyas condiciones físicas son diferentes a las nuestras.

La teoría de Cuerdas hace compatible la mecánica cuántica con la gravitación de Einstein. Lamentablemente las cuerdas y sus efectos son sólo apreciables en condiciones de energía altísima, fuera del alcance humano y, además, para que las cuerdas funcionen, hay que pensar y calcular en diez dimensiones como mínimo.

«Es bello todo lo que vemos,
y más aún lo que sabemos.
Pero aún es más bello
lo que todavía no entendemos.»

Niel Stensen

Comprender un Universo de diez o veinte dimensiones o comprender la existencia de otros universos distintos al nuestro, puede ser complejo. Recuerdo que en mi infancia lo único que conocíamos era nuestra galaxia, la Vía Láctea; un día, al poner en funcionamiento el telescopio de Mount Wilson, se descubrió que aquellas manchas borrosas que veíamos en el cielo con nuestros rudimentarios telescopios eran otras galaxias, y que había millones de millones de ellas. Fue otra forma de pensar sobre el Universo que habitamos, como lo es ahora pensar en la existencia de otros universos.

Para llegar a esta nueva forma de pensar debemos actuar igual que en la meditación zen, es decir, vaciarnos de opiniones, especulaciones y dogmatismos cerrados. Hay que pensar con una mente de principiante en la que tengan cabida todas las posibilidades. Una mente vacía, libre de condicionamientos y hábitos de expertos; una mente que esté dispuesta a aceptar y dudar de las verdades actuales, abierta a todas las posibilidades.

PARA FORMAR PARTE DEL NUEVO PARADIGMA

- Nunca debes tener la seguridad absoluta de nada. Lo que ves no es la realidad. El mundo y el Universo es mucho más de lo que vemos y pensamos.
- Todo el Universo forma parte de un todo e interactúa con nosotros, debes buscar esa conexión. Todos estamos en todo, somos la totalidad del mundo.
- Debes concienciarte de que no somos espectadores de lo que nos rodea, formamos parte de ello y podemos influir en lo que sucede. Es necesario reemprender nuestro vínculo con nuestro medio ambiente natural.
- Tienes que empezar a sentir las energías y los flujos que nos rodean, agudizar nuestra sensibilidad a estas nuevas corrientes.
- La verdad del mundo que te rodea no la encontrarás fuera de ti, sino en ti mismo.
- Si las partículas elementales se comunican entre ellas a largas distancias, tú que estás formado de esas partículas también puedes hacerlo, y tener una interconexión con toda la humanidad.
- Hay que pensar y aceptar todo este nuevo paradigma con una mente vacía, no condicionada, abierta a todas las posibilidades.
- Tienes que empezar a cuestionar los modelos imperantes.

3

El mensaje oculto de las tradiciones primordiales

Los nuevos físicos, que se olieron algo hace ya tiempo, empezaron a comparar todo el asunto con religiones orientales o a sospechar que su realidad es principalmente metafórica o no literal y fáctica.

Patrick Harpur (*Realidad daimónica*)

ENRAIZADOS EN LA TRADICIÓN PRIMORDIAL

Durante muchos años hemos sido despectivos con las tradiciones antiguas, nos hemos portado con arrogancia y petulancia, y decíamos: ¿qué nos pueden enseñar a nosotros, miembros de la civilización moderna, unos incultos monjes o chamanes de un pasado oscuro y confuso? Primero fueron los psicólogos transpersonales quienes descubrieron que eso «monjes o chamanes» transmitían una sabiduría que nosotros estábamos intuyendo con dificultad. Luego, los físicos cuánticos comprobaron que lo que deducían en sus espectaculares teorías ya lo anunciaban los antiguos textos sagrados de la India, del taoísmo, el budismo, el zen y la tradición sufí.

«El análisis intelectual, como peor ejemplo de la física, por útil que sea, debe ceder el sitio al conocimiento directo, a la experiencia personal. He aquí el encuentro de la física moderna con la sabiduría tradicional.»

Jean Bouchart d'Orval *(La plenitud del vacío)*

En este capítulo penetraremos en las antiguas filosofías orientales a la búsqueda de esos mensajes que nos transmitieron los antiguos pensadores del pasado, unos mensajes que tal vez forman parte de una consciencia colectiva, de una sabiduría perenne que el Cosmos nos proyecta. Soy consciente de que se trata sólo de unas pinceladas y de que precisaríamos un libro entero para recoger este material sagrado e interpretarlo correctamente, pero si su mensaje sirviera para que el lector empezara a explorar la literatura primordial de la Antigüedad, me daría por suficientemente satisfecho. Inicialmente explicaremos muy brevemente algo sobre los *Upanishads,* los libros sagrados de la India antigua en los que basaremos parte de este recorrido por las tradiciones del pasado.

Los *Upanishads* son textos sagrados del hinduismo que fueron redactados entre los años 800 y 500 a. C. Son parte integrante de los Vedas y representan una rama de la «tradición primordial», constituyendo la esencia misma del vedante. Su tema central es la búsqueda de la «realidad última». El camino del conocimiento que será el único capaz de captar la única verdad.

«Hoy podemos afirmar, con considerable seguridad, que la sabiduría de Oriente resulta ser el fundamento filosófico más compatible con nuestras teorías científicas modernas.»

Fritjof Capra (Físico de la Universidad de California, en Berkeley, y autor de *El tao de la física*)

En estos textos sagrados, los *Upanishads*, los textos del taoísmo, el zen y el sufismo, persiste lo que se denomina una tradición sagrada, una tradición sagrada que hemos estado a punto de perder gracias a los conductistas, los racionalistas y las religiones occidentales monoteístas.

Pero, ¿qué entendemos por tradición? La tradición es la transmisión de un conjunto de medios consagrados que facilitan la toma de conciencia de principios inmanentes de orden universal. Se trata de un conocimiento interior de una conciencia superior que constituye la razón de ser. La tradición también puede definirse como la transmisión de una influencia espiritual a través de una cadena ininterrumpida de seres iniciados que han conservado las firmas integrales desde sus orígenes independientemente de todo conocimiento histórico ordinario.

«...recomendamos leer a los filósofos directamente desde sus originales, no desde los comentarios hechos por divulgadores, recomendamos reflexionar sobre las experiencias más próximas, no sobre documentos de segunda mano.»

Andre Amar

«Nada hace a los espíritus tan imprudentes y tan vanos como la ignorancia del tiempo pasado y el desprecio a los libros antiguos.»

Joseph Joubert

Que el lector no piense que los libros de las tradiciones sagradas son libros de magia, en la tradición no hay lugar para el pensamiento mágico. Se trata de un compromiso con el pasado, un legado que viene de los más sabios de nuestros antepasados para poder comunicarse directamente con la esencia de las personas y encaminarlas al conocimiento y al mantenimiento de su ser esencial.

UNA MISTERIOSA ESCRITURA REVELADA

Los físicos cuánticos y cosmólogos descubrieron que los *Upanishads,* escritos por los *rishis*[9] estaban revelando unos conceptos sobre el hombre, la materia, el Universo y la realidad del mundo en que vivimos sorprendentes, ya que confirmaban lo que ellos estaban viendo con sus grandes telescopios, sus aceleradores de partículas y sus teorías matemáticas.

Para los *rishis* el mundo que nos rodea es «maya» o «mahamaya», es decir una ilusión, algo que, en realidad, no es como nosotros lo vemos o lo sentimos. Algo que los físicos cuánticos ya habían advertido cuando descubrieron que somos moléculas con profundos vacíos entre los núcleos y las partículas

---

9. Literalmente, reveladores de la verdad, sabios, filósofos y poetas inspirados de la India antigua.

que giran alrededor. Pero, además, esas partículas son en ocasiones ondas y tienen capacidad de comunicarse entre ellas.

Los tantras aseguran que el Universo puede considerarse como una emanación de la mente, «mahamaya», es decir, la mayor de las ilusiones.

«Inmóvil es lo Uno, más veloz que la mente no obstante.»

«Se mueve, no se mueve;
está lejos, y está aquí.
Está en el interior de todo esto,
de todo esto fuera está.»

Isa Upanishad

Los *rishis* ya habían intuido el mundo infinitamente pequeño que da forma a nuestros cuerpos y a los objetos que nos rodean, ya que al hablar del alma decían: «La centésima parte de la punta de una crin, entre cien nuevamente dividida, del tamaño resultante ha de saberse que es el alma y que hasta el infinito extiende su forma». En sus textos milenarios nos hablan del Todo, e insisten en que formamos parte de un Todo que, de una u otra forma está unido a todas las cosas. Los físicos cuánticos saben muy bien que formamos parte de un Todo, que todo repercute en todo, que nada está aislado.

Vemos que en la literatura védica, *nada* significa movimiento o vibración. Brahma[10] crea la materia y *nada* es el primer movimiento producido por la consciencia cósmica pensante. Casualmente, en la física cuántica, la sustancia primordial del Universo parece ser una onda/partícula o quanta. Todo está en vibración en el mundo, no existe la materia entorpecida, hasta la roca más dura tiene en su interior átomos y moléculas que vibran.

Los textos sagrados del hinduismo dicen que «bindu» significa literalmente «punto», y la materia separada de la consciencia está hecha de muchos «bindus». Es como los átomos que forman la materia. Continuando con estos términos de los *Upanishads,* tenemos que «akasa» es una de las grandes fuerzas en

10. Un dios creador, lo absoluto.

las que el «poder primordial», o «prakrti-sakti», se diferencia de sí mismo, es una vibración interior de prakrti y de su misma sustancia, mientras que prakrti es el universo de los objetos físicos que está compuesto de vibración.

> «Por la energía de su conciencia, Brahman se hace masa; de esto nace la materia, y de la materia, la vida, la mente y los mundos.»
>
> Mundana Upanishad

> «Todas las cosas, aunque son diferentes, están unidas.»
>
> Nicolás de Cusa

En cuanto al espacio, los *Upanishads* dicen que está atravesado por líneas de fuerza conocidas como los «cabellos de Shiva» capaces de causar la expansión y la contracción del tejido del espacio mismo. ¿No hace referencia este texto a la expansión del Universo y a la teoría de Cuerdas?

¿Cómo obtuvieron todo este conocimiento los antiguos?

Indudablemente eran seres dedicados a pensar, alejados de cualquier distracción y cualquier condicionamiento de la sociedad en que vivían. Pero cabe destacar que sus libros eran llamados «sruti», que significa escritura revelada. ¿Quién les reveló estos conocimientos? ¿Hubo posiblemente una consciencia cósmica que intervino o fue lo que conocemos como «sabiduría perenne»? Al final de este capítulo volveremos sobre este hecho. En cualquier caso los *Upanishads* nos alertan sobre el hecho de que el conocimiento está ahí siempre y de que el verdadero conocimiento libera al hombre de la rueda de las reencarnaciones.

EL TAO Y EL SIGNIFICADO SECRETO DE LAS COSAS

Los antiguos textos taoístas ya sorprendieron al físico de la Universidad de California, Fritjof Capra y lo llevaron a escribir *El tao de la física,* un magnífico libro en el que describe como el taoísmo ya manifestó hace miles de años lo que los físicos cuánticos están descubriendo ahora.

«...las cosas que aparecen son sólo reflejos, hay que ir más allá de la razón.»

René Guénon *(Consideraciones sobre la vía iniciática)*

«El que dice "hermoso" está creando "feo". El que dice "bien" está creando "mal".»

Lao-Tse *(Tao-Tê-King)*

Dentro del taoísmo, igual que en el hinduismo de los Vedas, el mundo de las dualidades no existe. Creados y creación son una misma cosa. Bien y mal son los valores que la mente humana opone a los aspectos creadores y destructores del Universo. Cuerpo y espíritu son dos percepciones diferentes de una misma energía. Según la visión del mundo taoísta, el Universo es un sistema armónico de resonancia; las partes se corresponden unas a otras y se armonizan en todo el Cosmos. La empatía que busca el arte taoísta es esa rara sensación de haber estado en un sitio donde jamás se ha estado, de vislumbrar por un momento un estado fuera del tiempo, de penetrar los significados secretos de las cosas. Ya que los sentidos son puertas por las que el espíritu liberado vuela a mezclarse con los olores y formas del Universo. Pero esto es un tema que ya abordaremos más ampliamente en el capítulo siete.

Cuando se habla del yin y el yang parece que se está entrando en una dualidad; sin embargo, mientras esté el yin estará el yang. El concepto dual de yin/yang es una viejísima «ley de simetría» (o compensación), es otra forma de decir que el Universo es una totalidad que busca un equilibrio consigo mismo.

«...la forma es vacío, el vacío es forma.»

Sutra del Corazón

«Si abrimos las manos podemos poseerlo todo. Si estamos vacíos podemos contener el Universo entero.»

Maestro Sekito

EL ZEN Y LA REALIDAD FUNDAMENTAL

Los dualismos bueno/malo, bello/feo, nacimiento/muerte, vacío/lleno, algo/nada, etc., son distinciones falsas. Cada uno de los términos de dichas dualidades no puede existir sin el otro. Son estructuras mentales creadas por nosotros. Hemos empleado tanto tiempo en abstracciones falsas que hemos acabado creyendo que son el mundo real.

El problema, según nos vienen a explicar las tradiciones antiguas, es que no ponemos atención en lo que nos rodea, no observamos lo suficiente. Este hecho lo ilustra muy claramente el siguiente cuento de la serie televisiva *Kun-fú:* el pequeño discípulo se encuentra en el patio del templo con un maestro ciego, pero que se desenvuelve con soltura, y se produce el siguiente diálogo:

> *—¿Cómo consigues moverte con esta soltura? —pregunta el discípulo.*
> *—No es ningún obstáculo, he desarrollado el resto de los sentidos —explica el maestro—. ¿Te has fijado en el pequeño saltamontes que descansa silenciosamente junto a mis pies?*

El pequeño discípulo observa cómo el saltamontes se aleja silenciosamente dando saltos y le pregunta al maestro:

> *—Anciano, ¿cómo has podido oír al saltamontes si no ha hecho ningún sonido?*

Y el anciano le responde:

> *—¿Y cómo es que tú no lo has oído?*

«Aunque el lugar de meditación sea exiguo, contiene el Universo. Aunque nuestro espíritu sea ínfimo, contiene lo ilimitado.»

Maestro Sekito

«Nosotros mismos somos el Cosmos.»

Doctrina de la filosofía zen

El principio de incertidumbre de Werner Heisenberg destaca que en el mundo subatómico no podemos conocer con absoluta precisión al mismo tiempo el momento y la posición de una partícula, mientras más sepamos de una, menos sabremos de la otra. El zen, curiosamente, nos dice que «si se obtiene una cosa, otra cosa se pierde, y que perder una cosa, es obtener otra», algo que podríamos interpretar fácilmente dentro del principio de incertidumbre de Heisenberg. La mecánica cuántica nos dice lo mismo que los budistas tántricos o el zen: «La conexión entre los puntos es un producto de nuestra mente y realmente no está ahí».

«Sí, el mundo es una ilusión; pero la verdad es mostrada allí constantemente.»
«Perteneces al mundo de la dimensión. Pero vienes de la no-dimensión. Cierra la primera "puerta" y "abre" la segunda.»

Jalaluddin Rumi

El zen no persigue la búsqueda del «absoluto último», sino simplemente el encuentro con la realidad fundamental de uno mismo. Así, el primer y principal propósito del zen es romper la red de nuestros conceptos, lo que ha sido denominado como una filosofía de la «no-mente». El primer paso en la tarea del zen es la negación del yo como realidad fundamental de la persona humana y su destino. La negación del yo es la práctica de la nueva psicología transpersonal.

EL SUFISMO, LA EVOLUCIÓN Y LA ILUSIÓN DEL MUNDO

De acuerdo con las enseñanzas del sufismo,[11] el hombre es un microcosmo de la totalidad de la existencia. El sufismo también defiende la idea de que forma-

---

11. El sufismo es la parte esotérica del Islam.

mos parte de un Todo y de que «todo» está inexorablemente unido. Como buscadores de esta realidad tenemos que ser testigo, puro y sencillo. Somos, como dicen los maestros sufíes, un pequeño germen en el que está comprendida la creación entera.

Desde hace cientos de años, los sufíes han ido transmitiendo toda una tradición secreta de conocimientos. Casi mil años antes de Einstein, el derviche Hujwiri argumentaba en literatura técnica la identidad del tiempo y el espacio. La teoría arquetípica de Jung fue expuesta por el maestro sufí Ibn el-Arabi. Y, como veremos a continuación, los sufíes formularon toda una ciencia de la evolución más de seiscientos años antes de Darwin.

«Tú no existes ahora como no existías antes de la creación del mundo.»

Ibn el-Arabi *(Tratado de la Unidad)*

«He oído decir que hay una ventana que se abre de una mente a otra, pero si no hay muro, tampoco hay necesidad de ventana, ni pestillo.»

Jalaluddin Rumi

Jalaluddin Rumi (siglo XIII) destaca en uno de sus versos: «Primero fuiste mineral, después vegetal. / Te convertiste entonces en animal, aunque esto está oculto para ti. / Después te volviste humano, con conocimiento, intelecto y creencia. / Después de esta Tierra, a partir de ahí tu lugar es el cielo».

En otro de sus escritos, Jalaluddin Rumi destaca: «La humanidad ha surgido del mar. / La humanidad procede de más allá del cielo. / Habiendo descendido a la Tierra, debe intentar regresar. / No debería desperdiciar el tiempo en lo que realmente son actos circenses. / Hay una continua llamada, tono o sonido, llamando a uno de regreso».

Ambos escritos de Rumi son sorprendentemente precisos en su adecuación a las teorías actuales de la evolución y, aún más, nos hablan de un origen cósmico de la vida como creen muchos astrobiólogos, así como de una consciencia cósmica que nos alienta a un regreso o a un contacto con ella.

«Yo estoy en todo y todo está en mí.»

Hazrat Inayat Khan (maestro sufí)

«El alma es una cosa inmensa; es el Cosmos entero, puesto que es copia de él [...], todo cuanto está en el alma está en el Cosmos.»

Shaykh al-Arabi al-Darqâwi (*Letters of a Sufi Mester*)

Para los actuales sufíes, el ser humano intenta volar a los planetas y conquistar el espacio debido a su inconsciencia mística que le hace trascender su infinitud terrestre, ya que, en los más profundo de él, precisa lo infinito y lo absoluto para comprenderse. Todo un camino que tenemos que recorrer, siempre y cuando seamos conscientes de la relatividad de las cosas, de lo engañoso del mundo. Como dice el maestro Idries Shah, nadie llegará a la Verdad hasta que no sea capaz de aceptar que el sendero mismo que nos lleva a ella puede estar equivocado.

NOCIONES SOBRE HERMES TRIMEGISTO

Hermes Trimegisto floreció en el Antiguo Egipto, la fecha exacta se ignora, pero su sabiduría dio pie a que los egipcios lo colocaran entre el panteón de sus dioses con el nombre de Toth. Se conocen sus principios a través del *Kybalión*, un libro que recoge parte de su tradición secreta y que sorprende por su contenido. Así, Hermes, anuncia entre sus principios aspectos que están en consonancia con los descubrimientos de la física moderna y las ideas más atractivas de la filosofía actual. Hermes nos dice que «el todo es mente y que el Universo es mental», algo que abordaremos en el último capítulo de este libro. También nos habla de la relatividad de las dimensiones al determinar que «como arriba, así es abajo, como abajo así es arriba». Confirma la realidad cuántica cuando destaca: «Nada está en reposo; todo se mueve; todo vibra». También se recoge el principio de la causalidad, destacando que: «Toda causa tiene su efecto; todo efecto su causa; todo sucede de conformidad con la ley. La casualidad no es más que el nombre dado al efecto de una ley desconocida. Hay muchos planos de "causación", pero todos sujetos a la ley».

> «En el Universo, bajo el Universo y tras el Universo de tiempo, espacio y variación se halla siempre la sustancial Realidad, la Verdad fundamental.»

> «No existe la materia, sino que lo que así llamamos es energía entorpecida o en muy baja modalidad vibratoria.»

Hermes Trimegisto (Kybalión)

Hermes creía en la evolución de la mente humana y destacaba que «la mente, como los metales y los elementos, puede transmutarse de uno a otro estado, de un grado a otro, de una condición a otra, de una a otra vibración». Como otros filósofos de otras tradiciones, creía en la existencia de una «realidad» y una «verdad» fundamental en lo más profundo del Universo.

Finalmente, cabe destacar su visión sobre la pluralidad de los mundos habitados, ya que afirmaba que «hay millones y millones de mundos como el nuestro y seres vivientes que comparados con el hombre son como el hombre comparado con los animales irracionales, pues son seres que poseen facultades y poderes superiores a los que el hombre atribuye a los dioses».

LA TRADICIÓN DEL SIGLO XX: LA «FILOSOFÍA PERENNE»

La «filosofía perenne» es la idea de que existe una corriente filosófica que ha perdurado a lo largo de los siglos y que es capaz de integrar armónicamente todas las demás tradiciones en términos de una «única verdad» que subyace a la aparente diversidad de concepciones del mundo. La «filosofía perenne», tal como fue concebida por su creador, Aldous Huxley, sostiene que toda realidad parcial no existe por sí misma; el ser humano tiene la capacidad de realizarse en la divinidad; el ser humano tiene un ego fenomenológico y un eterno ser; el sentido de la vida humana reside en alcanzar un estado de consciencia cósmica, cuya existencia es idéntica al absoluto.

«El electrón no posee propiedades objetivas independientes de la mente.»

Fritjof Capra

«...lo que llamamos aprender no es sino una manera de recordar.»

Platón (locución de Sócrates, en los Diálogos)

Ken Wilber, al resumir los principios fundamentales de la «filosofía perenne», mantiene que el espíritu existe y que está dentro de nosotros, pero que, a pesar de esto, la mayoría de nosotros vivimos en un mundo de «separatividad» y no nos percatamos de la presencia de ese espíritu interno. Wilber destaca que hay una salida para ese estado de separatividad ilusoria, que hay un camino que conduce a la liberación que tenemos que recorrer para llegar a un estado de iluminación que nos permita una experiencia directa con el espíritu interno que significa nuestra liberación y el final de la separatividad.

Muchos pensadores creen que el espíritu es anterior a la materia, y que ésta ha emergido del mismo. Por lo tanto, el Universo sería una creación del espíritu, que ha existido siempre, incluso antes de que en la nada tuviera lugar el Big Bang. En definitiva, la «filosofía perenne» defiende la existencia de una experiencia mística universal y atemporal: la vacuidad para un budista mahayana; la unión con Dios para un místico cristiano; el Brahman para un hinduista de la tradición advaita vedante; una absorción sin objeto para un yogui del patanjali; la iluminación en el sufismo; el Todo en el zen y el taoísmo.

PARA FORMAR PARTE DEL NUEVO PARADIGMA

- Debes respetar las tradiciones antiguas, ya que son portadoras de un conocimiento eterno y sagrado.
- Reconoce que existe un encuentro profundo entre la física moderna y la sabiduría tradicional y milenaria.
- Los *Upanishads,* entre otros textos milenarios, nos transmiten una sabiduría sorprendente que nos lleva a la búsqueda de la «realidad última».
- Tienes que mantener tu espíritu abierto a lo tradicional para captar la única verdad.
- Debes respetar la sabiduría de las tradiciones milenarias, como forma de un legado hermético que nuestros antepasados nos han transmitido.
- Sólo el conocimiento y la consciencia de ser te liberará de la falsa realidad en que vivimos.
- Para comprender el mundo sólo tienes que poner atención, ya que, aunque el mundo sea una ilusión esconde y nos muestra constantemente la verdad.
- Para encontrar la única verdad tienes que ser buscador, y el buscador tiene que ser testigo puro y sencillo.

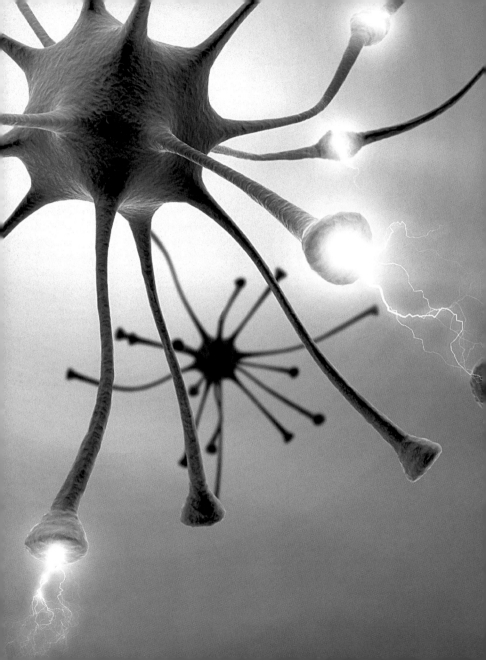

Ya está aquí la mente prodigiosa

1°. La mente está difundida en el espacio.
2°. La mente se extiende por el espacio.
3°. La mente predomina sobre lo físico.
4°. Las mentes están unidas.

Doctor Willis Harman, del Stanford Research Institut (en su descripción de las cualidades de la consciencia humana).

UN CEREBRO QUE NO PARA DE QUEJARSE

Desde la mente de aquel primitivo ser que un día logró hacer fuego con unas ramas secas hasta el ser actual, el que estudia en los aceleradores de partículas las colisiones que se producen entre partículas subatómicas, ha acaecido una innegable evolución. Posiblemente, tenemos las mismas neuronas que aquel primitivo ente, unos cien mil millones, pero el número de conexiones entre ellas, las sinapsis, es superior; y aun así sólo utilizamos una parte ínfima de nuestro cerebro.

«La telepatía puede haber sido el medio arcaico original mediante el cual los individuos se entendían...»

Sigmund Freud

En la actualidad, el ser humano guarda en su cerebro mucha más información, pero, en la mayoría de los casos, posee un escaso conocimiento. Los pensadores y filósofos del pasado no disponían de tanta información como la que acumulamos ahora, pero, exentos de ciertos condicionamientos sociales (publicidad, televisión, educación conductista, etc.), sus mentes eran mas libres, menos manipuladas y se enfrentaban con más claridad a los misterios de la naturaleza. Es posible, incluso, que tuvieran desarrollados sentidos que nosotros, en la actualidad, tenemos aletargados, como la intuición o la telepatía.

Nuestro cerebro no para de quejarse, desde sus más profundos laberintos neuronales nos sigue planteando la necesidad de profundizar en nuestros pensamientos, meditar, pensar en nuestro origen y buscar respuestas. Lamentablemente, no todos los humanos lo hacen, unos por circunstancias sociales, otros porque ya han sucumbido al sistema social de falsos valores y necesidades superficiales. Estos seres han claudicado ante una falsa felicidad y están realizando un flaco servicio a la mente. En realidad, la actividad diaria del ser humano actúa casi siempre contra él, contra su propio desarrollo interior.

«Somos el producto de 4.500 millones de años de evolución fortuita, lenta, biológica. No hay motivos para pensar que se ha interrumpido el proceso.»

Carl Sagan

«Pero la evolución no acaba en la mente; espera liberarse en algo mayor, en una consciencia espiritual o supermental. Por tanto, no hay razón alguna para poner límites a las posibilidades evolutivas tomando nuestra organización o estado actual como definitivo.»

Sri Aurobindo

EL TERCER OJO, UMBRAL MÍSTICO DE LA CONSCIENCIA ESPIRITUAL

Sólo utilizamos entre un 10 y un 15 % de nuestro cerebro, lo que nos abre unas extraordinarias posibilidades para el día en que lo utilicemos al cien por cien, el día en que incluso lleguemos a conocer las funciones quiméricas que creemos tiene la glándula pineal, ese vestigio de un órgano compuesto de tejidos sensibles a la luz. Según Keith Floyd,[12] la glándula pineal parece apoyar

---

12. Autor de *Of Time and the Mind.*

la hipótesis de que ésta podría servir como «rejilla» para configurar nuestro pensamiento especulativo y para construir nuestros recuerdos. En Oriente, esta glándula ha sido considerada el «tercer ojo» o umbral místico de la consciencia espiritual.

La glándula pineal ocupa el punto medio en el centro de un campo de energía neurológico, en cuyo punto se produce el estallido de luz que se experimenta como la pantalla de la consciencia.

¿Se ha aletargado por falta de uso? ¿Es la luz una forma de iluminación? ¿Son los fotones una forma de transmitirnos conocimientos?

«Casi me atrevería a decir que los pensamientos son nubes de fotones.»

Deepak Chopra

«...porque lo que yo tengo lo tienes tú y cada átomo de mi cuerpo es tuyo también.»

Walt Whitman

En una simple conversación o estando junto a otra persona se transmiten átomos de uno a otro. Por otra parte, el cerebro humano desarrolla nuevas conexiones o sinapsis en una conversación entre dos personas que se están transmitiendo conocimientos profundos. En ese momento se están creando nuevas redes de neuronas. En realidad, el cerebro parece un universo que se expande, una copia del Universo que nos rodea y que también se expande. En ambos casos hubo un instante de singularidad, un Big Bang, un nacimiento de una vacuidad que fue creciendo.

Científicos como Karl H. Pribram o Kunio Yasue,[13] han empezado a corroborar que el cerebro funciona por procesos cuánticos. Cada neurona del cerebro puede conectarse al mismo tiempo y hablar con todas las demás simultáneamente a través del proceso cuántico interno. Además, es posible que la memoria

13. Físico cuántico japonés.

a corto y largo plazo no resida en nuestro cerebro absoluto, sino que esté almacenada en un «campo» cósmico que se conoce como «campo punto cero». Este hecho da muchas más posibilidades a las facultades de nuestro cerebro de las que podríamos pensar. Así, la periodista y escritora Lynne McTaggart[14] explica que diversos estudios realizados concluyen que la gente puede ver el futuro o remontarse al pasado, ya que el Universo existe en un vasto «aquí», y este «aquí» representa todos los puntos del espacio y del tiempo en un único instante. Esta teoría hace posible que nuestro cerebro reciba señales e imágenes del pasado y el futuro, un hecho que tiene sentido si consideramos que todas las partículas subatómicas existen en un estado potencial a menos que sean observadas, lo que incluye pensar en ellas.

«La mente es un estado de comunicación subatómico perfecto, y la enfermedad es un estado donde la comunicación se rompe. Enfermamos cuando nuestras ondas no están en sintonía.»

Lynne McTaggart (autora de *El campo*)

Todo esto nos lleva a aceptar que algunas personas, más predispuestas, puedan ver hechos acaecidos en el pasado o en el futuro. Estas formas de retrocognición o precognición tienen una explicación lógica a la luz de la física y la cosmología cuántica. Es indudable que para alcanzar esta apertura mental se necesita una sintonía, un estado de armonía con nosotros mismos y con el universo que nos rodea. Para ello debemos recordar que las partículas que constituyen el cerebro son las mismas que las que existen en las galaxias.

Si aceptamos que en los procesos de física cuántica, como hemos expuesto, las partículas se pueden comunicar entre sí, aunque las separen inmensas distancias, y que nuestros pensamientos no dejan de ser procesos cuánticos, ¿no es posible también que la telepatía sea una forma de comunicación cuántica?

---

14. Autora de *El campo* (ver bibliografía).

Posiblemente todos somos telépatas, pero ocurre que no nos hemos dado cuenta, que aún no sabemos utilizar nuestro cerebro, y que la telepatía, aunque sea esporádica, es casi instintiva. Cuántas veces hemos ido por una calle y de pronto hemos pensado «hace años que no veo a fulanito»; o, de pronto, al doblar una esquina, nos topamos, con sorpresa, con el tal fulanito. ¿Casualidad? No, simplemente nuestro cerebro ha recibido las ondas cuánticas de fulanito que transitaba cerca de nosotros.

«Mi propuesta es: tomémonos el tiempo de pensar por qué hemos llegado aquí y quién nos ha traído.»

Slavoj Zizek (filósofo, exprofesor de La Sorbona y Harvard)

«El gran descubrimiento postmoderno es que, en cada uno de los distintos estadios del desarrollo evolutivo, el mundo parece diferente porque es, en realidad diferente.»

Ken Wilber

PALEONTOLOGÍA DEL FUTURO

Una gran parte de nuestra civilización está sumida en falsos valores, perdiendo el tiempo mientras siguen series por televisión o realizan tareas que no llevan a ningún crecimiento interior ni evolución de la mente. Pero la evolución sigue, y unos evolucionaran y otros se sumirán en un mundo carente de espiritualidad y lleno de falsos valores. Personalmente, no creo que nuestra civilización termine en una sociedad maquinal y profana, creo que unos triunfarán y otros desaparecerán. El hecho de que el hombre de Neanderthal desapareciese y dejase paso al *homo habilis,* demuestra que la naturaleza es sabia, que considera más importante el conocimiento que la fuerza bruta, porque el conocimiento es algo que está más allá de las percepciones humanas habituales.

«Entre el superhombre y el hombre actual habrá una diferencia tan grande como la hay actualmente entre el hombre y el chimpancé.»

Stepan Zamenhoff

«El hombre puede ordenar a la naturaleza la eliminación de su ser de todos los elementos extraños que le procuran la enfermedad y el sufrimiento.»

Goethe

Para algunos paleontólogos —Eldredge, Gould, Orstein, etc.—, la evolución produce en algunas etapas la aparición de nuevas especies en la periferia o al margen del habitat de una especie originaria. Por causas que se desconocen, la especie originaria desaparece y la nueva especie «periférica» ocupa su lugar dentro de un grado más elevado de evolución «mental», como ocurrió entre el hombre de Neanderthal y el de Cromagnon. ¿Podría hoy estar ocurriendo esto en nuestra evolución humana? ¿Se está produciendo una nueva evolución de la consciencia como augura Robert Orstein? ¿Puede estar dicha evolución «marginal» representada por seres que están accediendo a una capacidad mental superconsciente con una emergencia espiritual como la que destaca el psiquiatra Stanislav Grof? ¿Estamos empezando a caminar por la siguiente etapa de la «Gran Cadena del Ser» en la que Ken Wilber describe sus componentes como supraconscientes, transegoicos y transpersonales?

«Hay para la humanidad, un destino que no podrían concebir los hombres corrientes y cuya visión no podrían soportar.»

Louis Pauwels (autor, junto a Bergier, de *El retorno de los Brujos*)

«Un hombre de conocimiento es un hombre que, sin apuros y sin vacilación, ha ido lo más lejos que puede en desenredar los secretos del poder y el conocimiento.»

Carlos Castaneda (diálogo del personaje de *Don Juan* con el autor)

Explica el físico nuclear Fred Alan Wolf,[15] que tuvimos diez sentidos y que cinco de ellos los hemos perdido. Así, tuvimos el sentido de la autocuración, el de la autodestrucción (que evita los actos violentos), el sentido de penetración (que nos permitía acceder a otros niveles u otras dimensiones), el sentido de la percepción (que nos daba acceso a percibir otros mundos) y el sentido de la revelación (que es la capacidad de utilizar lo que has percibido cuando se te revela).

¿Es posible que algunos seres estén en un nivel muy superior a otros? Esto es lo que vamos a tratar de explicar a continuación, ya que es posible que esos seres superiores estén entre nosotros, de una forma «marginal», como explican los paleontólogos, y sean la siguiente etapa de la evolución.

EL SER SUPERIOR: IGUALES PERO DIFERENTES

Destacaremos, inicialmente, que en un sentido estricto no todos los seres humanos son racionales, ya que la racionalidad no es sólo ejercer la facultad de pensar, sino darse cuenta de que existimos y «pensar sobre el pensar», es decir operar sobre el pensamiento, tener conciencia de que estamos en el aquí y el ahora. La mayoría de los seres humanos están absortos en un mundo de falsos valores que han generado en sus mentes tanto confusión como irrealidad, enfermedad mental, traumas, locura, bloqueos, neurosis, miedos y una larga lista de síndromes.

> «¡El hombre nuevo vive entre nosotros! ¡Existe! ¿Le basta con esto? Le confiaré un secreto. Yo he visto al hombre nuevo. Es intrépido y cruel. Ante él, he tenido miedo.»
>
> Adolf Hitler a Rauschning, jefe de gobierno en Danzig

> «Los maestros están entre nosotros, escondidos en algún lugar, y nos transmiten las verdades eternas.»
>
> Frédéric Lenoir *(La metamorfosis de Dios)*

15. Autor de *La búsqueda del águila.*

En todas las épocas de la historia de las civilizaciones se ha creído firmemente que existían hombres que eran superiores, que tenían acceso a conocimientos secretos que otros seres humanos desconocían completamente. Se ha creído que estos hombres superiores formaban sociedades secretas en las que conspiraban o tomaban decisiones para dirigir el mundo, una especie de Gobierno invisible. Nos referimos a aquellos «maestros invisibles» o «instructores esotéricos» pertenecientes a sociedades iniciáticas, seres humanos que habían conseguido una consciencia espiritual muy elevada. Pero todo esto parece entrar en el terreno de la más especulativa fantasía, y se puede afirmar que si existieran hombres o mujeres superiores con una consciencia espiritual muy elevada, no necesitarían toda esa parafernalia para moverse en nuestra sociedad y comunicarse entre ellos.

Las únicas sociedades secretas que existen son las grandes multinacionales que deciden el destino del mundo. Pueden hacer caer la bolsa, hundir a miles de empresas, provocar que un gobierno entre en crisis o matar de hambre a miles de personas. Los verdaderos hombres superiores no forman parte de estos complejos competitivos, más bien están en otro tipo de sociedades más discretas, en universidades, en laboratorios de alta investigación o, simplemente, trabajando en bibliotecas.

Los seres superiores están entre nosotros, existen y se mantiene alejados de lo que podríamos llamar el mundanal ruido. Pero, ¿cómo son?

«El hombre superior es impasible por naturaleza; poco le importa que le alaben o le censuren; no escucha más que la voz de su propia conciencia.»

Napoleón

«Los hombres temen al pensamiento original más que a nada en el mundo, más que a la ruina, más que a la propia muerte.»

Bertrand Russell

Son los seres espiritualmente, intelectualmente y cerebralmente más avanzados los que han empezado a acceder a otros niveles mentales y, posiblemente, a otras verdades. Su pensamiento es diferente, también sus valores y sus creencias, hecho que les hace vulnerables, ya que podrían ser víctimas de persecución, no por lo que saben, sino por el peligro de que lo que saben pueda cambiar las estructuras sociales, el sistema del mundo, sus valores y sus creencias. Lo que supondría que muchas instituciones, multinacionales, religiones y grupos políticos tendrían mucho que perder. Por esta razón viven con discreción, sólo comunicándose entre ellos, para evitar ser víctimas de la persecución que sin duda iniciarían determinadas religiones al ver en peligro sus dogmas de fe y sus creencias. Si eso llegara a ocurrir, sin duda regresaría una nueva Inquisición contra las mentes superiores que serían tachadas de «diabólicas».

«Revelar un secreto es contraproducente, porque su poder depende del silencio y la oscuridad en que se incuba y crece, hasta que impregna todo nuestro ser y nos descubrimos transmutados.»

Patrick Harpur (*El fuego secreto de los filósofos*)

Los seres superiores no son protagonistas ni llevan la voz cantante, no tienen nada que demostrar y sólo entre los «suyos» hablan un lenguaje superior. Tienen una mirada plural sobre la realidad, desde la razón, pero también desde la intuición. Si diez seres superiores expresaran su conocimiento y sus opiniones delante de Gabinete de George Bush, ninguno de sus miembros entendería nada, especialmente Bush.

Como los espías, viven en un mundo de clandestinidad. No juegan a conspirar, porque ése no es su objetivo, ya que cuando se llega a ciertos niveles mentales, lo único importante es mantenerlos, evolucionar más, seguir creciendo en nuevos niveles. Su mundo superior, especialmente mental, les ofrece otras aventuras y satisfacciones mucho más emocionantes y enriquecedoras que los placeres mundanos, los valores sociales y el poder en cualquiera de sus facetas.

Este ser humano superior ha comprendido que lo verdaderamente vital es el motivo de la evolución y el objetivo de ésta. No se trata de un sueño ocultista, sino de una realidad, no hablamos de genios, ni grandes estadistas, sino de seres que han alcanzado un determinado grado de iluminación, como Buda, Jesucristo, Aurobindo o los que nos legaron con anonimato grandes textos sagrados cargados de inmensa sabiduría, como es el caso de los *Upanishads*.

Para estos seres se han abierto las puertas de la percepción, del subconsciente. En el *Bardo Thödol* (o *Libro tibetano de los muertos*) se explica que si a un individuo sin preparación se le abriesen de repente las puertas de la subconsciencia, su compleja y frágil mente sería avasallada y aplastada. Por esta razón, todos los iniciados custodian las puertas del subconsciente.

Podemos suponer que estos seres superiores han alcanzado facultades mentales de las que carecen absolutamente los hombres normales, ocupados en sus mediocres valores profanos. Han alcanzado estos poderes a través de ejercicios que les han llevado a estados modificados de consciencia, a aperturas mentales y a estados lúcidos que sólo se consiguen con las meditaciones. Son espíritus que son conscientes de sí mismos, que han «despertado» y que comienzan a tomar conciencia de su auténtica naturaleza.

«Creemos que tenemos que seguir a unas y otras personas a las que damos autoridad según las opiniones y costumbres de la época. De esta manera nos mantenemos dormidos día tras día, generación tras generación.»

Consuelo Martín (doctora en filosofía
de la Universidad Complutense de Madrid)

Estos seres han luchado contra ese sistema que parece tener el objetivo de mantenernos quietos y completamente desalentados, incapaces de pensar por nosotros mismos y buscar respuestas diferentes a las que dicho sistema nos hace digerir. El sistema trata de crear miedos incesantemente y busca rodearnos de un clima apocalíptico que oscila entre el terror de las catástrofes, las epidemias, la delincuencia y el terrorismo.

PARA FORMAR PARTE DEL NUEVO PARADIGMA

- Debes elegir relacionarte con aquellas personas que te aporten su saber, sus conocimientos. Evita las que te depriman o idioticen, que son mediocres y sólo aportan cotilleo.
- Intenta mantener la mente abierta, sin aceptar fórmulas ni verdades eternas.
- Tienes un compromiso generacional, tienes el deber de utilizar tu cerebro en funciones y pensamientos que perduren, que ayuden a desentrañar los misterios de nuestra existencia.
- Si tienes un cerebro que es el resultado de 4.500 millones de años de evolución no es para usarlo ocupándose en las modas, el consumismo, los cotilleos y los pensamientos basura.
- Debes tomar conciencia del Ser, debes escucharlo y meditar en él. Cuando se escucha, reflexiona y medita en el Ser, todo se conoce.
- En nuestro cerebro hay niveles de realidad; se trata de ajustar nuestro cerebro a esos niveles, de expandir nuestra conciencia.
- No se trata sólo de pensar sobre el mundo, sino de pensar sobre el pensamiento, lo cual produce una posibilidad auténtica de introspección.
- La meditación y los estados modificados de conciencia nos conducen a la comunicación con los territorios más profundos de nuestra conciencia.
- Debes interrogarte sobre ti mismo, sobre tu existencia, sobre lo que somos, el porqué del Universo que nos rodea. Debes adentrarte sin miedo en esos misterios para aumentar tu conocimiento.
- Debes renunciar a los deseos, no alterarte por el sufrimiento ni el placer, estar más allá del apego y la ira, contemplar la mente y meditar, eliminar los pensamientos que ocasionan disturbio y las charlas mecánicas y superficiales.

5

Esos pequeños locos... no tan locos

En pleno vuelo, Wendy pregunta a Peter Pan dónde está la isla de Nunca Jamás, y éste contesta: «La isla de Nunca Jamás no se puede buscar. Es ella la que te encuentra».

James Matthew Barrie, *Peter Pan*

LA ESPONTANEIDAD DE LA LOCURA

¿Están locos los niños que hablan con sus amigos invisibles?, ¿o que viajan a lejanos países fantásticos?, ¿o que ven seres que nosotros los adultos no vemos?, ¿o que tienen encuentros con gnomos, hadas o extravagantes personajes?

¿Cuántas veces nos ha venido un niño explicando que le visita un extraño personaje que le cuenta historias? ¿Cuántas veces, sin pararnos a pensar en nuestra infancia, le decimos que eso son imaginaciones, tonterías o sueños diurnos? Si recordamos nuestro mundo de la infancia también recordaremos, unos más que otros, que hemos tenido amigos invisibles con los que hablábamos, o la visita de extraños seres que nos acompañaban.

«Se ha negado a los niños, y a toda la población en general, la costumbre de cuestionar la realidad.»

Eduardo Punset

Todos hemos tenido acceso a otras realidades pero hemos perdido esa facultad. El físico cuántico Fred Alan Wolf destaca que los niños tienen la capacidad hasta los cinco años de atravesar otras realidades; lamentablemente, cuando se hacen mayores se les dice que dejen de jugar con sus amigos invisibles y de fantasear, y cuando llegan a los catorce años han perdido por completo la capacidad de contactar con otras realidades y otros universos.

Los niños y las niñas son mentes no condicionadas por el sistema, mentes aún no sometidas a ver una sola realidad. Tienen acceso a otras realidades, a otros mundos, hasta que, cuando crecen, la presión del entorno les lleva a generar un sentido de vergüenza por creer en esas cosas, tras lo cual van dejando de acceder a esas otras dimensiones. El mundo de los niños es casi alucinatorio; a medida que crecen, «aprenden» a ignorar ciertos aspectos de «su» realidad, ya que los adultos les enseñan que son alucinatorias. Así, el niño queda desposeído de su trascendencia innata, de su posibilidad para viajar a otros mundos y se convierten en seres materiales y racionales como nosotros. A veces, ya en la edad adulta, volvemos a «contactar», volvemos a ver «cosas» y a percibir la presencia de extraños personajes que muchos identifican con ángeles o extraterrestres.

«Vivimos en un mundo secular. Para adaptarse a ese mundo el niño abdica de su éxtasis.»

R. D. Laing (psiquiatra, parafraseando a Mallarmé)

Los niños no hablan solos, en realidad están manteniendo una conversación con su conciencia, a la cual tienen un libre acceso que los adultos han perdido; y la conciencia tiene acceso a todos los universos, al Todo. Los antiguos ya conocían la importancia de mantener una conversación íntima con el propio doble o *daimon,* llamado *genius* por los latinos, «ángel de la guarda» para los cristianos, «hombre reflejo» para los escoceses, *vardogr* para los noruegos y *doppelgänger* para los alemanes. Si, como nos dicen los físicos cuánticos, la materia tiene vida, las partículas tienen memoria y se comunican entre ellas. ¿Debe extrañarnos que un niño que no ha sido condicionado por lo material y lo cartesiano hable con objetos inanimados? Tal vez tendremos que empezar a replantearnos el hecho de que, innatamente, el niño capta la vida energética que existe en todo lo que nos rodea y que, inicialmente, es capaz de comprenderla, de contactar e incluso dialogar con ella. En general, los niños son capaces de recibir mensajes y energías que nosotros los adultos somos incapaces de captar.

Mientras los chamanes y ciertas tribus alientan a sus hijos para que sigan en el camino de acceder a otras realidades, los occidentales hacemos lo contrario e incluso los llevamos a psiquiatras para que les desposean de eso que creemos que es anormal. El psicólogo veneciano Roberto Assiagioli, famoso por sus trabajos sobre el miedo, advirtió de que muchos niños, por tener una capacidad superior para acceder a otros mundos, eran enviados a correccionales.

«Todo niño que se enfrenta con una materia nueva o con un problema desconocido —igual que el científico que opera en los límites de su propia especialidad— quedaría paralizado sin la ayuda de la intuición.»

Jerome Bruner

Los niños son capaces de captar vibraciones que se escapan a la condicionada visión de los adultos. Esta capacidad sólo reaparece cuando forzamos nuestra mente en procesos de meditación profunda, cuando intentamos percibir las energías que nos rodean y éstas se transforman en extrañas presencias. Pero recuperar en la edad adulta esas facultades perdidas significa un gran esfuerzo mental, una gran voluntad y confianza en lo que se está haciendo.

EN BUSCA DEL ALEPH PERDIDO

Son muchos los niños que dicen tener acceso a otros lugares que no son de este mundo. Así, sin salir de su habitación, admiten que han estado «viajando», que han jugado en un extraño país, a veces acompañados de un amigo invisible, un pequeño ser o un insólito personaje. Los niños, para realizar estos «viajes» recurren a determinados lugares de su casa: un armario, un rincón oculto, lo alto de un árbol, un sótano o una buhardilla. Personalmente, recuerdo que de niño me introducía dentro de un gigantesco baúl, donde transcendía a otros mundos, a otros lugares, a otros universos. Aquel baúl era posiblemente mi particular Aleph,[16] del mismo modo que, para otro niño, podía (y puede) serlo un rincón cubierto de cajas de cartón o un armario. Lugares donde se manejan con más soltura nuestras energías y se trasciende a otros espacios, otros tiempos.

16. Nombre con el que Borges define, en *El Aleph*, ese lugar desde el que se puede trascender.

«Al vulgo habladle sólo de cosas vulgares; guardad para vuestros amigos los secretos de orden más elevado. Dad heno a los bueyes y azúcar a los loros. Si no comprendéis lo que quiero decir, seréis pisoteados por los bueyes, como tan a menudo sucede.»

El abad Tritemio (dándole consejos
a su alumno Cornelio Agrippa)

Cuando un niño cae enfermo, los acontecimientos extraños se disparan a su alrededor. Aseguran que ven hadas, gnomos y extraños personajes que acuden a la cabecera de su cama, que les hablan y les alientan ante su enfermedad, e incluso dicen que ellos les curarán. ¿Son alucinaciones debidas a la fiebre? Pero, seamos niños o adultos, ¿no nos lleva también la fiebre a un estado modificado de conciencia que nos permite acceder a otras realidades? Fred Alan Wolf manifiesta al respecto: «Aunque parezca una broma, la muerte es el único modo de convencer al propio cuerpo-mente de que uno necesita un estado modificado de conciencia [...]. Cuando el cuerpo se convence de que está muriendo, transformamos el modo de percibir la realidad. Es porque el modo usual de percibir, el que hemos ido adquiriendo a lo largo de nuestra vida, ya no cumple su función básica, que es mantener el cuerpo vivo».

Cuando somos adultos, en estados aparentemente normales, puede ocurrir que reaparezcan nuestros antiguos gnomos o amigos invisibles que nos aconsejan y nos guían. Hasta ahora, este fenómeno lo hemos identificado con manifestaciones religiosas —ángeles, vírgenes, budas, dioses, etc.—, sin embargo, según los últimos descubrimientos en física cuántica, es muy posible que podamos acceder a otras realidades y contactar con seres de esos mundos. Éste es un tema que ya abordaremos en otro capítulo. Mientras tanto, digamos que, cuando nos acaecen estos sucesos solemos rechazarlos y atribuirlos a jugadas de nuestra imaginación o a visiones. En definitiva, nos negamos a aceptar que aquello pueda ser real, por el simple hecho de que nos han enseñado que no existe otra cosa que el mundo aparente.

¿Qué pasaría si dejásemos que los niños continuasen sus conversaciones con sus amigos invisibles o que continuasen viendo a seres extraños y viajando a «otros lugares»? Posiblemente, tendríamos una civilización de seres adultos con un gran desarrollo interior, con unas cualidades distintas a las nuestras, con unas posibilidades de acceder a otras realidades, esos mundos que el nuevo paradigma nos está anunciando.

Los niños no son pequeños locos, sino seres que están permanentemente en un estado modificado de conciencia. En cuanto a nosotros, los adultos racionalistas, pragmáticos y materialistas, tenemos la obligación de replantearnos la falsa realidad que nos rodea, y si un día regresa nuestro amigo invisible, debemos aceptarlo con entusiasmo, porque hemos recuperado un poder «mágico» que se nos había aletargado. Y si el amigo invisible no apareciera, deberíamos modificar nuestra forma de ver el mundo y observar lo mismo que creíamos de niños.

«O por la noche, forjándose algún miedo, ¡con cuánta facilidad se toma un arbusto por un oso!»

Shakespeare (El sueño de una noche de verano)

El único sentido de nuestra vida, el único camino, es superar esta falsa realidad en que vivimos. Sepamos que existen otros mundos, realidades o niveles independientemente de nosotros mismos. Siempre han estado ahí y no los hemos sabido ver.

EL CUENTO INFANTIL CUÁNTICO MÁS GRANDE JAMÁS CONTADO

Lewis Carroll, autor de *Alicia en el país de las maravillas,* nos reveló con este cuento mucho de lo que hemos dicho de los niños en este capítulo, y también se introdujo en todas esas paradojas de la física cuántica con este relato maravilloso. En realidad, Carroll encontró a los niños más abiertos que en los adultos a las posibilidades de otras realidades, ya que sus prejuicios sobre el espacio y la lógica no estaban condicionados a la ecuación racionalista que les damos. La obra de Carroll está cargada de simbología y mensajes de una profunda trascendencia, pese a ser transmitidos a través de las reflexiones de una niña o los extraños y alocados personajes que la rodean.

A continuación, analizaremos someramente el contenido cuántico y misterioso de esta obra, no todo lo amplia y profundamente que sería deseable, pero creo que lo suficientemente ilustrador como para animar al lector a releer *Alicia en el país de las maravillas*, si bien fuera bajo un prisma diferente al de su primera lectura de esta obra.

«Siempre que veía a un niño cerca de un espejo, le hacía una señal con el dedo y le decía con gran solemnidad: "No te acerques mucho a esa abertura. ¿No te gustaría terminar en otro universo, verdad?".»

Kurt Vonnegut (en *El desayuno de los campeones*)

Alicia atraviesa auténticas moradas y es, a la vez, protagonista de mutaciones radicales de la realidad, e incluso de cambios en su propio ser atravesando otras realidades. No nos debe extrañar que la aventura de Alicia se inicie en un momento de hastió convencional por su mundo, en un momento en que la niña necesita respuestas a sus preguntas y nadie se las puede dar. Es en ese momento cuando Alicia caerá por la madriguera de un conejo hacia las profundidades de la tierra, como si de un agujero de gusano cosmológico se tratase, o una grieta en el espacio de su realidad dándole acceso a otros mundos.

La caída de Alicia es un mero flotar carente de gravedad, un recorrido por un agujero negro del espacio y el tiempo, hasta un lugar, una habitación en el cuento, con varias puertas, distintas trayectorias o caminos para elegir. Y es una llave de oro la que le abre esas puertas. La llave se convierte en el arcano que representa la iniciación y el saber. Es precisamente la llave dorada la que simboliza el saber filosófico. Pero Alicia tendrá que transformarse antes de acceder al nuevo universo que le espera tras la puerta. ¿Acaso no tenemos que transformarnos nosotros mentalmente para acceder a las ideas y los conceptos del nuevo paradigma? Así, siguiendo el cueto, Alicia realiza la transformación a través de la ingesta de un bebedizo, como aquel que con enteógenos (ayahuasca, peyote, etc.) abre las puertas de su cerebro a otras realidades. Los elementos que Alicia utiliza para transformarse —además del bebedizo, un pastel y un abanico—, le permiten crecer y también disminuir de tamaño, es decir, variar sus dimensiones.

«El tiempo no quiere saber nada de mí, y para mí son siempre las seis de la tarde.»

Lewis Carroll (en *Alicia en el país de las maravillas*)

Alicia sólo alcanzará el país de las maravillas a través de las lágrimas que derramará, nadando entre ellas y viajando con una rata. Todo un símbolo de la filosofía tradicional que nos da a entender que sólo alcanzaremos el otro «lado» derramando muchas lágrimas, realizando un gran esfuerzo, y que incluso una de las criaturas más ruines de la especie, la rata, es capaz de compartir con nosotros ese derecho.

En el país de las maravillas, Alicia, empezará a tener contacto con sus extraños habitantes, adscritos a otras leyes para las que el tiempo no funciona como en nuestro Universo. Alicia participará en una carrera en la que todos son ganadores y en la que, en un fascinante final, se premia a sí misma con algo que ya es suyo. ¡Qué mejor premio que algo que ya posees!

Alicia también encontrará una seta (una *Amanita muscaria*),[17] sobre la cual vive una oruga azul que fuma en un narguile. La oruga le invita a comer aquella seta y le explica: «Un lado te hará crecer, el otro menguar». ¿No es ésta una interpretación sutil del lado oscuro y del lado iluminado, del yin y el yang? Alicia, al ingerir una de las partes de la seta, sufre la experiencia del «viaje» que produce la ingesta típica de hongos mágicos. Su cabeza crece, su cuello se alarga, no siente sus pies, ni sus manos.

17. Hongo cuya ingestión produce efectos alucinógenos.

«Muchas veces he visto a un gato sin sonrisa, pero nunca una sonrisa sin gato.»

Lewis Carrol (diálogo de Alicia con el gato de Cheshire,
en *Alicia en el país de las maravillas*)

Todo el cuento de Alicia es sorprendentemente cuántico. Entre todos los animales que encuentra, posiblemente el más interesante es el gato de Cheshire, un felino que tiene la facultad de aparecer y desparecer, materializarse y desmaterializarse, hasta el punto que puede dejar en el espacio que ha ocupado una sonrisa indeleble.

Finalmente, para no extendernos en exceso en el cuento de Carroll (pese a que la segunda parte, *Alicia a través del espejo*,[18] también merece ser releída con la óptica cuántica), quiero recoger una interesante conversación que Alicia mantiene con el gato de Cheshire:

—*Minino de Cheshire, ¿podría decirme, por favor, qué camino debo seguir para salir de aquí?* —*preguntó Alicia.*
—*Esto depende en gran parte del sitio al que quieras llegar* —*respondió el gato.*
—*No me importa mucho el sitio...* —*dijo Alicia.*
—*Entonces tampoco importa mucho el camino que tomes* —*dijo el gato.*
—*...Siempre que llegue a alguna parte* —*añadió Alicia como explicación.*
—*Oh, siempre llegarás a alguna parte* —*aseguró el gato*— *si caminas lo suficiente.*

El mensaje subliminal del gato de de Cheshire es evidente, y podríamos traducirlo, de una forma iniciática, de esta manera: siempre llegarás a alguna parte si trabajas lo suficiente, si te esfuerzas lo suficiente, si meditas y profundizas en tu interior lo suficiente para alcanzar la verdad interior.

---

18. En esta obra, Alicia encuentra en el espejo esa puerta por la cual el alma puede disociarse y pasar al otro lado.

PARA FORMAR PARTE DEL NUEVO PARADIGMA

• Al tratar con un niño debes recordar que nosotros también tuvimos un mundo maravilloso como ellos.

• Los niños tienen facultades que nosotros hemos perdido debido al condicionamiento social.

• No debemos desposeer a los niños de su trascendencia innata.

• Los niños captan una vida energética que nosotros, por el condicionamiento materialista, somos incapaces de percibir.

• Siempre existe un Aleph para todos, sólo hay que saber buscarlo y convertirlo en nuestro lugar de acceso a otras realidades.

El eterno presente

*Había un secreto en torno al tiempo, lo sentía en algún rincón oscuro de su
cerebro, algo respecto a no fragmentarlo en minutos y segundos.*

Brian W. Aldiss *(Planeta Neanderthal)*

EL PRESENTE ES LA ÚNICA REALIDAD, ESTAMOS ATRAPADOS EN EL TIEMPO

Vivimos un eterno presente, el pasado es algo que ya ha transcurrido y no podemos modificar, y el futuro se convierte en algo que vamos construyendo instante a instante en el presente. Incluso cuando pensamos en el pasado, lo único que realmente reconocemos es cierto recuerdo, pero ese recuerdo es, en sí mismo, una experiencia del presente. Siempre estamos en el presente, estamos perdidos en el presente, jamás tenemos la experiencia de que el presente se acabe, incluso si muriéramos no estaríamos allí para sentir que nada se acabe.

«La eternidad no se encuentra, ni se puede encontrar mañana, ni en cinco minutos, ni en dos segundos. Es siempre ya, ahora. El presente es la única realidad, no hay otra.»

Ken Wilber

Vemos la totalidad del tiempo como existente ahora. En nuestra mente humana vivimos un presente eterno. Sin embargo, desde la creación del Universo hasta ahora, ha transcurrido un tiempo, ya que las cosas han cambiado, se han erosionado, se han oxidado. Pero a pesar de ello, debemos recordar que el tiempo es algo que se crea en el mismo momento que apareció el Universo, antes no existía, porque en la nada no hay absolutamente nada, ni tiempo. Así, el tiempo se convierte en una invención del ser humano para medir los fenómenos de la naturaleza.

Como dicen los sabios *rishis* que escribieron los *Upanishads,* el tiempo es una ilusión, no un problema del que hay que librarse, es una ilusión que ni siquiera existe. Tal vez si nuestras mentes llegasen a comprender este sentido, el tiempo se convertiría en algo sin importancia, un aspecto de la vida que podríamos trascender. En realidad, el tiempo deja de tener importancia en nuestro mundo onírico y también en determinados momentos de nuestra vida parece transcurrir más deprisa o más lentamente. El tiempo transciende cuando, en un momento excepcional causado por una situación de peligro, vemos transcurrir toda la película de nuestra vida. Se trata de un hecho en el que «visualizamos» en segundos algo que, si después intentáramos recordar, tardaríamos horas en describir.

«El presente es la única cosa que no tiene fin.»

Schroedinger

«Vemos el pasado en cuanto recuerdo, y el futuro en cuanto anticipación; son ambos hechos presentes. Vemos la totalidad del tiempo como existente ahora.»

Ken Wilber *(La conciencia sin fronteras)*

Para la física cuántica y la cosmología, el concepto de tiempo es terriblemente fantástico y desolador. En cosmología, cuando observamos el Universo, siempre estamos observando el pasado, la luz que tarda miles y millones de años en llegar, nos muestra imágenes «fósiles» de lo que eran aquellos astros en el pasado. Pero existen partículas, como los taquillones, que se mueven más rápidamente que la luz, y por tanto existen fuera del espacio y tiempo. Así, nuestro concepto de tiempo en el espacio depende mucho de si observamos fotones, a una velocidad clásica de la luz, o taquillones, que superan la barrera de la velocidad de la luz.

LA FLECHA DEL TIEMPO: ¿VOLVEREMOS A REJUVENECER?

Existe un concepto que alude a una propiedad de la experiencia diaria, el cual se ha bautizado como «flecha del tiempo», algo que nos habla de cierta direccionalidad del tiempo que nos posibilita recordar el pasado pero no ver el futuro. Sin embargo, en escalas muy pequeñas, como la escala de la longitud de Plank,[19] la noción del tiempo no existe. Vemos pues, que cuando nos sumergimos en el mundo de la física cuántica el tiempo es algo que tiene unas leyes completamente distintas.

«En cierto sentido nosotros somos el espacio tiempo.»

Lynne McTaggart *(El campo)*

«Mientras sigas haciendo una diferencia entre la eternidad y el tiempo, estarás en el tiempo.»

André Comte-Sponville *(El alma del ateísmo: introducción a una espiritualidad sin Dios)*

Los cosmólogos nos explican que la asimetría del tiempo se debe la expansión del Universo. La flecha del tiempo sólo tiene una dirección, todo transcurre desde un origen de Universo hacia el lugar de «nunca jamás». El Universo se expande por esta flecha del tiempo, pero si son ciertas algunas teorías, también se predice una futura contracción del Universo. Eso significaría que el Universo, como un globo que se ha hinchado, se deshincharía para regresar al origen de la gran explosión que lo creo. Es decir, la flecha del tiempo cambiaría de dirección. ¿Haría entonces el ser humano un recorrido inverso al actual? ¿Volveríamos a aparecer en el mundo como ancianos moribundos para ir rejuveneciendo hasta nacer?

---

19. Expresada como 1/10 seguido de 33 ceros; 17 veces menor en magnitud que un protón.

«Existen cuatro etapas: el tiempo de los dioses, el de los cuerpos, el de las máquinas y el de la crisis.»

Jacques Attali *(Historias del tiempo)*

«Un viaje de miles de kilómetros comienza siempre con el primer paso.»

Lao-Tse

Algunas tradiciones antiguas piensan que el Universo vive ciclos que se repiten eternamente. Es decir, expansiones y contracciones, una eterna rueda kármica en la que estaríamos atrapados y en la que nuestras vidas se repetirían como una película que se proyecta y luego se rebobina al revés. Si esto es así, ¿deberíamos recordar nuestras vidas y nuestros sucesos? En realidad, todo parece indicar que estamos atrapados en el tiempo que es, a la vez, un producto de nuestra mente.

LA PARADOJA DE LA ABUELA EN EL VIAJE EN EL TIEMPO

Muchos escritores de ciencia ficción, como H. G. Wells, han especulado con la creación de una máquina del tiempo que nos permitiría viajar al pasado o al futuro. Pero el viaje en el tiempo acarrea más problemas filosóficos que científicos. Uno de estos problemas es la denominada «paradoja de la abuela».

La paradoja de la abuela nos plantea la situación en la que nos preguntamos qué pasaría si alguien viajara hacia el pasado a través del tiempo y asesinara a su propia abuela antes de que diera a luz a su madre. Es evidente que no nacería su madre y, por tanto, el viajero del tiempo no podría existir en el futuro. ¿Cómo resolver esta paradójica situación?

«De hecho, hay quien afirma que ciertos personajes históricos muy adelantados a su época, como Leonardo da Vinci o Julio Verne, han sido viajeros del tiempo.»

Richard Gott (astrofísico de la Universidad de Harvard)

«La mejor prueba de que no es posible viajar en el tiempo es el hecho de no haber sido invadidos por masas de turistas provenientes del futuro.»

Stephen Williams Hawking

La respuesta sólo la podemos encontrar en las nuevas teorías que sugieren la existencia de infinitos universos múltiples, que están basadas en el efecto del túnel cuántico, el cual describe cómo un núcleo de helio puede saltar de repente desde un núcleo de uranio y causar su desintegración. La ecuación cuántica de onda permite establecer la probabilidad de encontrar una partícula en distintos lugares, en universos múltiples. La paradoja de la abuela tiene una explicación en un contexto de universos múltiples, ya que, en ese caso, cada acontecimiento se convierte en una bifurcación. El que está matando a su abuela sólo está creando un universo nuevo en el que él no existirá.

Así, entre los acontecimientos hay muchos caminos, muchas conexiones. Cuando decidimos realizar un viaje, existe otro yo nuestro que ha decidido no viajar, y que está creando un nuevo universo. El físico cuántico Fred Alan Wolf destaca que al centrarnos en uno de los caminos, al restringir la conciencia a un solo camino tomándolo como el principal, el resto de los caminos parecen desvanecerse, aunque siguen presentes.

Imaginemos que usted, lector, en este preciso momento llega a la conclusión de que este libro sólo describe fantasías, decide cerrarlo y olvidarlo; sin embargo, en un universo nuevo se ha producido una bifurcación, una trayectoria distinta y, usted mismo, sigue la lectura del libro hasta el final. Es como cuando decimos: si hubiera cogido ese avión o ese tren, ahora mi vida sería distinta. Sin embargo, optamos por quedarnos en la estación y no tomar el tren. Aunque siempre es posible que nuestra «copia» (o doble) haya tomado el tren o el avión.

«...el tiempo se bifurca continuamente hacia incontables futuros.»

Jorge Luis Borges (El jardín de senderos que se bifurcan)

Si es así, infinitos universos existen desarrollando vidas y civilizaciones enteras que han tomado alternativas distintas. Mundos donde nunca se lanzaron las bombas atómicas sobre Hiroshima o Nagasaki, o donde nunca uno o varios francotiradores dispararon contra el presidente Kennedy.

Para Michael Talbot, autor de *Misticismo y física moderna,* el mundo está continuamente dividiéndose en un número fabuloso de realidades paralelas, de forma que no sólo existimos nosotros en un número indefinido de mundos, sino que existen también todos los posibles resultados de cualquier acontecimiento.

SOMOS EL UNIVERSO CONTEMPLÁNDOSE A SÍ MISMO

Somos seres formados por átomos que a veces son partículas y otras veces ondas; somos complejas estructuras nucleares y, cada año, se reemplaza el 98 % de los átomos de nuestro cuerpo, lo que nos obliga a interaccionar con todo el Universo que nos rodea. No somos entes particulares, no hay un «ahí afuera», estamos intrínsicamente conectados.

> «...algunos físicos cuánticos habían llegado a la conclusión de que, de un modo u otro, la materia no podía existir sin una conciencia que la percibiera.»
>
> Fred Alan Wolf (físico cuántico)

> «Si se quiere encontrar la verdad sobre la existencia, es necesario abrirse a la unidad de la conciencia donde conocer y ser uno, donde el espectador y el espectáculo coinciden.»
>
> Doctora Consuelo Martín (*Discernimiento*)

La física cuántica determina que todos los seres vivos se reducen a una serie de partículas que interaccionan con un campo y envían y reciben información cuántica. Sobre este aspecto, Lynne McTaggart destaca que la conciencia opera en un nivel de frecuencia cuántica, por tanto también reside fuera del espacio y del tiempo, lo que significa que, teóricamente, tenemos acceso a la información del pasado y del futuro.

¿Por qué no somos conscientes de esa información? Sencillamente, porque todavía no hemos conectado con nuestra conciencia. No somos conscientes de que tenemos muchas más capacidades de las que se nos atribuyen, y sólo en momentos lúcidos de conciencia saltamos a ese campo de la información y vemos o sentimos cosas especiales.

La filosofía hindú advaita (de la no dualidad) insiste en el hecho de que este mundo es ilusorio y que lo real es la conciencia única. Por tanto la respuesta no está en las galaxias lejanas, en los universos paralelos, en lo infinitamente pequeño o infinitamente grande, está más cerca, en nuestra conciencia y en la necesidad de contactar con ella. Los filósofos del shaivismo de Cachemira destacan que la mente no es una sustancia material, sino, simplemente, una forma contraída de la conciencia universal.

«Este mundo entero es producto de mi mente.»

Bhagavad Gita

«Los seres humanos son aquel aspecto de la naturaleza que se está haciendo consciente de sí misma.»

Tomás Berry

Así, todo está guiado por la conciencia, todo se apoya en la conciencia. Un tema que volveremos a abordar de forma más concluyente en el último capítulo de este libro.

Mientras tanto, el tiempo se cierne sobre nosotros como un gran secreto, un enigma difícil de resolver. Richard Gott, autor de *Los viajes en el tiempo,* recapitula al final del libro todas sus conclusiones con este consejo: «Humanidad, no malgastes el tiempo, dispones de muy poco». Ése es el secreto del viajero del tiempo.

PARA FORMAR PARTE DEL NUEVO PARADIGMA

- Tienes que ser consciente de que vivimos un eterno presente que es la única realidad.
- El tiempo es una invención de tu mente, una ilusión que debes superar.
- No debes hacer diferencias entre la eternidad y el tiempo. La eternidad ha existido siempre, el tiempo es una ilusión.
- Tienes que ser consciente de que cada vez que tomas una decisión estás creando un nuevo universo.
- Nunca debes medir todas las cosas nuevas según las normas sociales, que son creencias que nos han inculcado.
- Debes ser consciente de que, en realidad, todos somos un conjunto de átomos, que a veces son partículas y otras veces son ondas.
- También debes ser consciente de que todos estamos intrínsicamente conectados a todo el Universo.
- Nuestra principal necesidad imperante es contactar con nuestra conciencia.
- Recuerda que dispones de poco tiempo y que no debes malgastarlo.

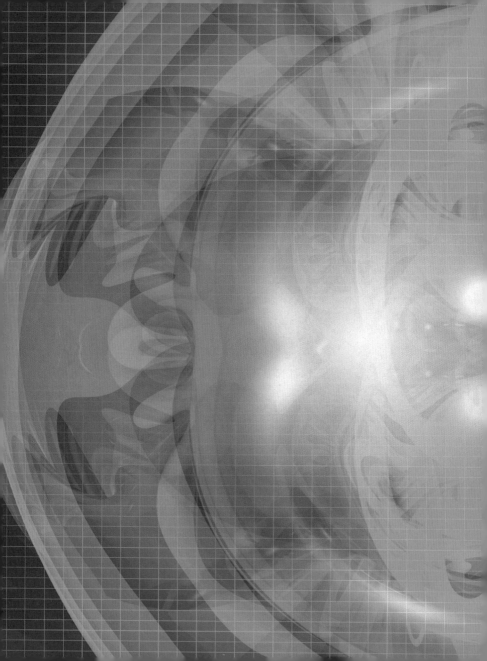

Multiuniversos
y fenómenos
extrasensoriales

*Los universos paralelos están más cerca de nosotros
que nuestras manos y nuestros pies.*

H. G. Wells

LOS ENTES QUE VIENEN DEL MÁS ALLÁ

La física y cosmología cuántica nos han abierto la mente a la idea de los universos paralelos, algunos posiblemente idénticos al nuestro, otros con características completamente diferentes que están repletas de decenas de dimensiones que son difíciles de imaginar por nuestras limitadas mentes. Todo este abanico de nuevas perspectivas nos sumerge en especulaciones acerca de muchos hechos fenoménicos que se producen en nuestro entorno y que no sabemos cómo explicar. La doctora en física Lisa Randa, de la Universidad de Harvard, destaca que la idea de que existan dimensiones adicionales del espacio puede parecer en un principio absurda o descabellada, pero afirma que los científicos tienen poderosas razones para creer que de verdad existen otras dimensiones espaciales.

> «...visiones y apariciones forman parte de lo esencial [...] apuntando hacia una reestructuración radical de lo que comúnmente contemplamos como realidad.»
>
> Patrick Harpur *(Realidad daimónica)*

Sólo en muy pocas ocasiones, como ya he explicado en la introducción de este libro, encontramos personas que no hayan vivido una experiencia extraordinaria. Muy pocas personas dicen no haber sentido nada anormal en su vida, algunos porque consideran ridículo manifestar estos temas y otros porque su racionalidad les supera y no pueden admitir algo que sea incoherente con un pensamiento materialista. La realidad es que si el ser humano se cierra en una racionalidad férrea, está excluyendo la posibilidad de abrir y desarrollar su mente a otras realidades.

Estas experiencias, estos sucesos fenoménicos, nos llevan a vivir hechos que son inexplicables si se abordan desde la racionalidad, nos llevan a ver seres extraños, sentir presencias extraordinarias, contemplar extrañas luces, recibir mensajes intuitivos o vivir experiencias en el más allá.

«...vemos que las luces extrañas sienten predilección por ciertos lugares y construcciones.»

Patrick Harpur *(Realidad daimónica)*

«Tradicionalmente, el ser humano, ha consultado a entidades extramundanas para expandir su conocimiento y obtener poder, puesto que se las suele considerar fuentes de crecimiento transpersonal capaces de transmitir informaciones más allá de las limitaciones normales del espacio tiempo.»

Richard Noll (psicólogo clínico)

La realidad es que en todas las tradiciones antiguas, en todos los lugares del mundo, en todas las épocas, ha existido la creencia en estos hechos, así como en entidades que aparecen y seres extraños o angélicos, y siempre se ha considerado a estos entes como vínculos o enlaces entre lo humano, lo divino y lo cósmico.

Si existen otros universos paralelos con otras dimensiones y características diferentes a las de nuestro Universo, cabe la posibilidad de que muchos de estos hechos extraños no sean más que transferencias de un universo a otro, contactos, no con el más allá, sino con otras realidades.

Abordaremos el tema de la muerte a la luz de los últimos descubrimientos cuánticos en el capítulo nueve, pero anticiparé que ciertos fenómenos como los «estados de casi muerte», con la presencia de ese túnel luminoso, no son más que el acceso de nuestro espíritu a otra realidad, otro universo de múltiples y fantásticas dimensiones donde podría almacenarse el conocimiento y la energía.

«Cabría esperar que a las hadas las hubiera expulsado la ciencia; creo que, en realidad, las expulsó un oscurecimiento de la superstición.»

Clive Staples Lewis

«El espectro se encaminó, tranquilamente aunque desanimado, hacia el fondo de la galería, y luego entró en una cámara, a la derecha. Manfred iba detrás suyo, a una corta distancia, preso de ansiedad y horror. Cuando estaba a punto de traspasar el umbral, una mano invisible cerró la puerta con suma violencia.»

Horace Warpole *(El castillo de Otranto)*

Entidades de otras realidades podrían estar contactando con nuestras conciencias, siempre y cuando estas conciencias les ofrezcan algo interesante, aspectos que para «ellos» puedan ser positivos. No hablo necesariamente de las almas de los muertos, ya que puede existir otro tipo de seres espirituales, universos repletos de extraños entes que no podemos imaginar y de los cuales, en algunos casos, nunca sabremos nada. Serían entes que escogerían determinados lugares para atravesar el espacio-tiempo de los universos paralelos, que se transformarían en luces que anunciarían experiencias singulares para ofrecer a la mente humana un mundo diferente y una nueva forma de vida. La ciencia ortodoxa siempre ha negado estos hechos, pese a que muchos científicos se han valido de ellos e incluso han tenido personalmente experiencias que no saben cómo explicar. Sin embargo, han sido las religiones, especialmente las monoteístas las que más han negado estas extrañas apariciones, aunque en algunos casos las han transformado en «milagros» que beneficiaban su fe y sus dogmas. Las religiones monoteístas han sido las que más han combatido estas creencias, ya que no admiten otros mediadores con su Dios que los creados por ellas. En consecuencia, han demonizado estos hechos convirtiéndolos en algo pecaminoso o diabólico que hace cargar con la marca de la herejía a aquellos que llegan a admitir que los han vivido.

«...que bien podríamos ser algo diferente de lo que creemos ser en la Tierra, por razones que no son todavía conocidas y cuya comprensión constituiría un inmenso desafío.»

Streiber

«Para entender las apariciones tenemos que cultivar una visión del mundo distinta de la que se basa en el cristianismo, la ciencia y los legados ideológicos.»

Patrick Harpur (Realidad daimónica)

Las apariciones han estado acordes al progreso de la civilización y a las creencias de la gente. No cabe duda de que un budista interpretará la aparición de un ente obeso como la encarnación de Buda, y un cristino verá en un hada del bosque a la Virgen. Si observamos a lo largo del tiempo, las formas de las apariciones se han adaptado a la mente humana y a su progreso. Antes eran dioses, hadas, gnomos..., y en los años sesenta y sucesivos se convirtieron en alienígenas de otros planetas; en realidad, sólo se habían hecho un nuevo «traje» para adaptarse a los tiempos.

Hablaremos de los alienígenas, pero lo haremos desde la perspectiva de la existencia de multiuniversos y de seres de otras realidades espacio-temporales. Este enfoque no quiere decir que se niegue la posibilidad de vida alienígena

en nuestra galaxia o en otras galaxias de nuestro Universo. Es posible que seres de civilizaciones más avanzadas viajen a través de túneles de gusano cuánticos superando grandes distancias en poco tiempo, o bien que viajen en naves impulsadas por energía basada en taquillones. Por ahora sólo nos interesan esos entes de otras dimensiones porque violan las leyes del espacio y del tiempo y, en el fondo, al anunciar otras realidades, nos dan una esperanza de eternidad, de continuación de la vida en otras manifestaciones energéticas o cuánticas.

LOS ALIENÍGENAS QUE SE ABURREN

«Al leer las narraciones de visitas alienígenas, uno se pregunta por qué las personas que afirman haber sido raptadas o abducidas son invariablemente seres insignificantes de cortas entendederas.»

Harold Bloom *(Presagios del milenio)*

Jung creía que los objetos volantes no identificados (ovnis) constituían fundamentalmente un símbolo de cambios en la constelación de los elementos dominantes psíquicos, de los arquetipos —o «dioses», como se les solía llamar— que producen o acompañan a transformaciones duraderas de la psiquis colectiva. Si es así, ¿cómo es que siempre los alienígenas han elegido para sus contactos a personas corrientes y sin especial relevancia?

La respuesta puede ser evidente: si se ha tratado de ovnis procedentes de otras civilizaciones más avanzadas, sus miembros sabrían que entrar en contacto con nosotros podría ser negativo, especialmente si llegaran a revelarnos que todas esas creencias que tenemos no son más que mitos y leyendas sin ningún fundamento serio. ¿Qué ocurriría si una civilización más avanzada que la nuestra llegará a nuestro planeta y nos manifestara que todas las creencias que tenemos son falsas? Posiblemente, los católicos, judíos e islamistas los demonizarían, los acusarían de ser anticristos o demonios anunciados en el Apocalipsis. Sin duda, se produciría un desgarro social entre creyentes y no creyentes. Por lo que es mejor que se limiten a contactar con seres mediocres y de cortas entendederas.

> «...los sueños son el estado alterado más común en el que aparecen los espíritus.»
>
> Richard Noll (psicólogo clínico)

> «Estamos durmiendo y, de pronto, nos despertamos para descubrir que hay alienígenas en el dormitorio.»
>
> Patrick Harpur

Mientras alrededor de los años sesenta y siguientes tuvimos oleadas de ovnis que nos visitaban, en las décadas siguientes todo este espectáculo terminó. Muchos ufólogos lo atribuyeron a que no se daban las condiciones espaciales adecuadas para los viajes cósmicos. Tal vez no cayeron en el hecho de que es posible que los platillos volantes dejaran de visitar nuestro planeta, si alguna vez lo hicieron, porque se aburrían de la mediocridad de nuestra civilización, de su falta de mente abierta, de su materialismo galopante, de su cretinez y su escaso espíritu de conocimiento. Una situación semejante a la de los espíritus que convocaban las mediums en el siglo XIX, que dejaron de aparecer porque se aburrían con facilidad y no les gustaba funcionar con repeticiones forzosas.

El psiquiatra Stanislav Grof, creador de la teoría de los «estados perinatales», cree que si existen seres extraterrestres utilizan el mundo de los sueños para penetrar en nuestra conciencia, ya que durante el sueño se rompen las barreras del espacio y tiempo. En el capítulo siguiente abordaremos los sueños, ese estado modificado de conciencia que nos abre las puertas a otras realidades. El estado onírico se convierte en una puerta a otras realidades que nos ponen en contacto con otros universos, una puerta de entrada y de salida, una grieta temporal que se mantiene abierta mientras dura nuestra lucidez.

«...nuestro Big Bang no fue el único, es decir, que hay muchos universos, muchos, regidos por leyes diferentes, y sólo en algunos de ellos se permite que evolucionen las estructuras y, en última instancia, la vida.»

«El reto es explicar cómo adoptó esta forma el Universo, es comprender por qué se expande, cómo lo hace y por qué acabó teniendo su actual contenido.»

Sir Martin Rees (astrónomo de la Royal Society y de la Universidad de Cambridge)

La posibilidad de existencia de otros universos con características y leyes distintas al nuestro, así como con dimensiones adicionales, es algo que abre la puerta a muchas posibilidades y a extraordinarias fantasías desbordantes e inimaginables. Pueden existir formas distintas de vida, réplicas de nuestro mundo, mentes sin cuerpo, energías inteligentes y un sinfín de aspectos que sobrepasan nuestra imaginación. Tal vez ahí, en esas otras dimensiones, estén nuestros espíritus, nuestra memoria y energía, una especie de Edén perdido al que sólo a través del desprendimiento de nuestra forma material podemos acceder.

PARA FORMAR PARTE DEL NUEVO PARADIGMA

- Si no estás abierto a lo fantástico y fenoménico nunca entrarás en otros mundos. Lo principal es creer en su existencia. No se accede a algo en lo que no creemos.
- Debes contemplar los sucesos fenoménicos que nos acaecen como una virtud, una puerta que se nos abre.
- Existen lugares especiales donde se repiten los sucesos fenoménicos, las luces, las apariciones. Si te guías por tu intuición sabrás encontrarlos.
- Las apariciones son una oportunidad para tener un enlace con lo divino y lo cósmico.
- No hay nada demoníaco en las apariciones, sólo son una visión distinta de lo que nos han enseñado.

El mundo onírico
y las puertas
a otras realidades

*¿Qué le ocurre al espacio-tiempo de un sueño cuando nos desper-
tamos? Se derrumba en una región sin dimensionalidad o tiempo.*

Michael Talbot *(Misticismo y física moderna)*

UNA FÓRMULA PARA CONECTAR CON LOS ANCESTROS

Los sueños ocupan un tercio de nuestra existencia y, sin embargo, no les damos la importancia que merecen. Hoy, los sueños se han convertido, gracias a los estados modificados de conciencia que comportan, en puertas a otras realidades.

«Madre mía —díjome—, anoche tuve un sueño.»

Epopeya de Gilgamesh (tablilla I, columna V) posiblemente uno de los textos más antiguos de la historia de la humanidad

«Estamos hechos de la misma materia que los sueños y nuestra pequeña vida cierra su círculo con un sueño.»

Shakespeare *(La tempestad)*

Desde los orígenes de la humanidad, el sueño ha sido un hecho presente al que el ser humano ha dado un papel trascendente en su vida. El hombre primitivo soñaba y relataba a sus semejantes el contenido de los mensajes oníricos que recibía. Muchos descubrimientos científicos se han debido a sueños en los que el sabio ha encontrado la respuesta a sus investigaciones.

Únicamente en el mundo moderno, una parte materialistas de la humanidad ha restado importancia al mundo onírico y lo ha catalogado como conjunto de desordenes de los pensamientos. Pero ¿pueden trascender el espacio y el tiempo unos desordenes mentales? Más adelante analizaremos este aspecto tan polémico.

«Es una excentricidad por parte de nuestra cultura subestimar los sueños si tenemos en cuenta el importante papel que desempeñan, y han desempeñado siempre, no sólo en las culturas tradicionales, sino también en las grandes religiones del mundo.»

Patrick Harpur *(Realidad daimónica)*

En muchas tribus, el sueño es una fórmula para conectar con los ancestros y con el resto del Universo. Posiblemente sean los ancestros los que utilizan esta vía para conectar con nosotros, o bien aprovechan nuestro estado onírico, en el que estamos menos condicionados, para acercarse a nosotros. Además, si, como dicen algunas teorías científicas, podemos compartir sueños, es posible que seres de otros planetas de nuestro Universo utilicen esta vía para contactar con nosotros. El psiquiatra Stanislav Grof mantiene que los sueños son la vía por la que entran en nuestro mundo los viajeros del espacio, los extraterrestres y los tripulantes de los ovnis.

Sepamos, inicialmente, que un sueño lúcido define aquel estado onírico en el que estamos soñando y, al mismo tiempo, nos damos cuenta de que estamos soñando. Durante más de dos mil años, los tibetanos han cultivado el sueño lúcido como un medio para adiestrar y comprender la mente. Mientras tanto, en Occidente, el sueño lúcido ha sido ignorado e incluso declarado imposible. Sin embargo, los sueños lúcidos se han convertido en un aspecto importante de nuestra vida, ya que nos permite el acceso a otras realidades. Posiblemente, cuando nos desdoblamos, nos encontramos en una especie de sueño lúcido, ya que somos completamente conscientes del estado que estamos atravesando.

Sobre el tema de la sensación de desdoblamiento han aparecido recientes estudios realizados en la Universidad Collage, en Londres, en los que se asegura que «ver el propio cuerpo desde fuera es el resultado de una confusión cerebral». Sin embargo, el equipo investigador dirigido por Henrik Ehrsson no ha considerado aspectos tan esenciales como la conciencia en estos estados, ya que de una forma materialista se ha querido reducir todo a un proceso cerebral, sin considerar la sensación de estar en el otro cuerpo, de estar en los dos cuerpos a la vez. El experimento se llevó a cabo utilizando gafas de realidad virtual, y desconsiderando el factor de que no se trata de ver, si no de sentir y de estar en dos lugares a la vez con las emociones y las sensaciones.

«De repente, surgió una aparición divina y terrible; un ser cuya estatura sobrepasaba la de un hombre; llevando vestidos resplandecientes, con un libro en la mano izquierda, examinó al enfermo dos o tres veces... y luego desapareció.»

Un sueño del faraón Nectanebo

LOS SUEÑOS SON EPIFANÍAS DIVINAS

Encontramos narraciones de sueños en todas las civilizaciones y en todos los tiempos, desde las tablillas sumerias y acadias a los tiempos de los faraones o a los relatos bíblicos. Siempre, a lo largo de estos períodos históricos, los sueños se han tenido en gran consideración. Sin embargo, ha existido un tiempo en el que nos hemos mostrado recelosos con los sueños, e incluso hemos buscado signos de locura en ellos, especialmente cuando esos sueños no coincidían con las creencias vigentes. La realidad es que las religiones monoteístas han tenido mucha culpa en este menosprecio hacia el mundo onírico. La Iglesia Católica ha tenido miedo a los sueños, pese a lo trascendentes que han sido en su historia; dicho temor se cifra en que los sueños pueden aportar otra realidad muy diferente a la versión de su religión que han mantenido a lo largo de los siglos. Es curioso que, antiguamente, los sueños fueron considerados por la religión cristiana como una fuente importante de revelación e inspiración; en cambio, ahora se menosprecian..., precisamente ahora, cuando el ser humano tiene una mayor capacidad de interpretación a través de la teoría de los estados modificados de conciencia y los vislumbres de la existencia de caminos a otras realidades o universos.

«Al analizar mis sueños, a lo largo de cinco años, tuve la sensación de franquear un río, descubrir un mundo, ser dueño de una clave inalcanzable para el profano, atravesar el velo de las apariencias.»

«Uno de los grandes deberes del hombre contemporáneo es volver a aprender a soñar.»

Raymond de Becker *(Las maquinaciones de la noche)*

En los *Upanishads,* que representan una rama de la «tradición primordial», se encuentran muchas referencias a los sueños dentro de la búsqueda de la realidad última. Así, se destaca en estos textos que los sueños no son pura ilusión o alucinación y que sólo cuando los contrastamos con lo «incondicional» quedan despejados de todo valor.

Los intelectuales talmúdicos, los cabalistas de Sefd,[20] basaron su idea de la interpretación de los sueños en el Talmud babilónico, especialmente en el tratado Berakhot, que reunía un vastísimo material sobre el significado de los sueños.

El Avesta zoroástrico, la Biblia y el Corán, así como los textos gnósticos, sufíes y cabalistas, coinciden con los textos sagrados hindúes y chinos al considerar los sueños como epifanías divinas.

---

20. Ciudad palestina en la que floreció la cábala a lo largo del siglo XVI.

«Un sueño sin interpretar es como una carta sin leer.»

Hisda (rabino talmudista)

«No se habla del sueño ante el idiota.»

U-men-Kuan, recopilación de ko-ans de Huei-k'ai

Durante el siglo pasado, la psicología freudiana y jungniana ofrecieron su especial interpretación de los sueños. Sigmund Freud no lo tuvo muy claro, los consideró como una «vía regia a lo inconsciente» y tuvo grandes dudas ante problemas como el tema de los sueños compartidos, de los que hablaremos más adelante. Harold Bloom dice que, ante la realidad de los sueños compartidos, Freud se encontró con una frontera que le hacía retroceder incómodo, ya que no podía probarlos ni refutarlos. Freud trataba los sueños como un adversario con el que se debe luchar para dominarlo. Para Freud, un sueño y una alucinación se englobaban dentro de la misma categoría, por lo que, en la práctica, se vio obligado a considerar el sueño como una enfermedad que debía curar. Afortunadamente sus ideas no prosperaron entre los psiquiatras y psicólogos que le sucedieron.

En cuanto a Jung, que prestó más interés al mundo onírico, trató de interpretarlos a través de los símbolos y de toda una serie de arquetipos.

SINTONIZANDO CON TODO EL UNIVERSO

Los sueños constituyen una realidad que comparte muchos aspectos con la física cuántica; su relación consiste en que, en ambos casos, el espacio y el tiempo se trascienden. Un sueño inmensamente largo puede haber transcurrido en tan sólo unos segundos. Como nos explican las teorías de la física cuántica, para trascender el tiempo hay que entrar en nuevas dimensiones. En el mundo onírico, igual que en los estados modificados de conciencia, trascendemos el tiempo.

En los sueños se puede entrar en otras realidades, se puede ver el futuro o remontarse al pasado, ya que el Universo existe en un vasto «aquí», y este «aquí» representa todos los puntos del espacio y del tiempo en un único instante. A través de los sueños, cuando rompemos las barreras cotidianas del espacio y el tiempo, estamos sintonizados con todo el Universo.

«El proceso de soñar, que permite romper las barreras del espacio y del tiempo, es mucho más sofisticado y complejo que el proceso de pensar.»

Eduardo Punset

«Para que la imagen de un sueño actúe en la vida, éste debe ser experimentado como completamente real.»

Patrick Harpur *(El fuego secreto de los filósofos)*

En muchas ocasiones, cuando despertamos tras tener un sueño, decimos: no era más que un sueño. Lamentablemente, incurrimos en un gran error, ya que subrogamos el estado del sueño, le damos menos validez que al estado de vigilia.

Eso implica que, poco a poco, se impone el estado de vigilia y dejamos de acceder al estado lúcido de los sueños. ¿Quién nos asegura que el estado de vigilia cotidiano no es también un sueño? La realidad es que el estado de vigilia no presenta ninguna característica que nos permita diferenciarlo de una experiencia onírica lúcida y trascendente.

Soñar se convierte en una experiencia básica con cualidades que no podemos percibir en la vigilia, con mensajes que trascienden el tiempo y el espacio, que nos permiten, en ocasiones, ver el futuro o rememorar hechos pasados que no hemos vivido directamente en el estado de vigilia.

«...los sueños nos ofrecen sabiduría [...] demasiado a menudo los cortamos con interpretaciones, los ponemos bajo una luz demasiado intensa y los amarramos al ego para fortalecer perspectivas.»

Patrick Harpur *(Realidad daimónica)*

«Un sueño puede revelar una posibilidad de transformación, aunque el poder del sueño para propiciar un cambio duradero en la conciencia depende de su integración en la vida de vigilia.»

Frances Vaughan *(Sombras de lo sagrado)*

UN ACCESO AL CONOCIMIENTO

¿Qué propósito tienen los sueños? Al margen de abrirnos las puertas a otras realidades o dimensiones y trascender el espacio y el tiempo, todo parece indicar que se convierten en una manifestación de conocimiento, de hacernos llegar mensajes de una inteligencia superior a la nuestra, de manifestarnos la existencia de un universo inteligente a través de sus entes o sus historias. La transmisión de ese conocimiento nos ha llegado en todas las épocas de la historia, siempre adaptándose al nivel de cultura de los habitantes de aquella época, en forma de dioses, entes de la naturaleza, seres monstruosos, alienígenas o, simplemente, en forma de fórmulas químicas y matemáticas.

Son muchos los conocimientos que se han transmitido a través del mundo onírico, como los sueños bíblicos o faraónicos, o informaciones valiosísimas como la tabla periódica de elementos, revelada a Dimitri Mendeleiev cuando dormía. Grandes científicos accedieron a conocimientos privilegiados a través de los sueños, como Niels y Bohr y su modelo atómico o Nicola Tesla, que vio en sueños el esquema del primer generador de corriente alterna. Incluso René Descartes destacó que su *Discurso del método* fue fruto de sueños visionarios.

Para algunas personas, los sueños son una fuente de curación, y también una fuente de comprensión de la psiquis que puede convertirse en un manantial de renovación espiritual.

> «...los sueños pueden reflejar un profundo conocimiento intuitivo de estados de conciencia que, normalmente, le parecen inaccesibles a nuestro estado de conciencia durante la vigilia, siempre tan preocupado, y a los que, con demasiada frecuencia, tendemos a despachar como meras fantasías.»
>
> Frances Vaughan *(Sombras de lo sagrado)*

MÁS ALLÁ DE LOS SUEÑOS COMPARTIDOS

Ya hemos destacado que Harold Bloom señaló que Freud tuvo que retroceder en sus ideas al no poder refutar ni probar la realidad de los sueños compartidos.

En el Atharva Veda se explica que «el que sueña puede tener sueños de otros; es decir, puede tener sueños que simbolicen acontecimientos futuros que le sucedieron no a él, sino a su familia.»

> «Soñar de modo simultáneo, lo mismo que otra persona, constituye un elemento fundamental de muchas tradiciones, incluyendo la hindú y las de los aborígenes australianos.»
>
> Harold Bloom

> «Podemos compartir nuestros sueños con cualquiera que haya vivido alguna vez.»
>
> Lynne McTaggart *(El campo)*

«Cada noche, en el sueño, volvemos a encontrarnos con nuestros ancestros y quizás lleguemos incluso a conversar, ocasionalmente, con el hechicero de Troi Frères.»

Ken Wilber

El que puedan existir sueños compartidos o podamos tener sueños de otros abre profundas perspectivas sobre los sueños. Todo ello puede confirmar el hecho de que, en los sueños, entramos en otras dimensiones que nos permiten comunicarnos con otros seres. Posiblemente, si esto fuera así, entenderíamos el carácter difuso de nuestros sueños, ya que, con ellos, estaríamos accediendo a otras mentes con otros condicionamientos y otros principios, otros valores, otras ideas, otros sentimientos y otros miedos.

¿Soñamos con determinadas personas porque piensan en nosotros? Ésta es una hipótesis en la que creen muchos especialistas. Si podemos recibir ondas telepáticas de otras personas, como el ejemplo del amigo en que pensamos y que de repente encontramos al doblar la esquina, también estas mismas ondas pueden irrumpir en nuestros sueños y provocar que, en ese estado modificado de conciencia, accedamos a las mentes de otras personas.

Para la física cuántica, los sueños compartidos van mucho más allá de ser sólo una participación entre varias personas de un sistema social. Al considerar los sueños como algo que trasciende el espacio y el tiempo, podemos compartir nuestros sueños con cualquiera que haya vivido alguna vez. Es decir podemos acceder al inconsciente colectivo de toda la humanidad.

El mundo onírico es un campo aún poco estudiado y que ha sido considerado por una parte de nuestra sociedad como algo fantasioso y sin ningún valor. Las nuevas teorías de la física, los espacios multidimensionales, el factor tiempo y otros aspectos de la información sobre las partículas cuánticas abren nuevas puertas al mundo onírico, sólo tenemos que estar atentos a él.

PARA FORMAR PARTE DEL NUEVO PARADIGMA

- Debes empezar a valorar y dar más importancia a tu mundo onírico, ya que nos está abriendo las puertas a otras realidades.
- Piensa que cuando sueñas con tus ancestros, pueden ser ellos los que quieran contactar desde otras realidades contigo. Es posible que te quieran advertir de algo.
- Los sueños lúcidos te sirven para acceder a otras realidades y adiestrar y comprender tu mente.
- El sueño no es signo de locura, sino un acceso a un mundo «sagrado», una puerta al más allá. Soñar es lo más sano que podemos hacer.
- En el sueño, tú transciendes el tiempo y sintonizas con todo el Universo, por tanto debes aprovechar ese instante «mágico».
- Los sueños te aportan mensajes repletos de conocimiento, son una manifestación del saber; debes saber interpretar y leer esos mensajes.
- Compartir sueños es una gran experiencia; debes preguntar a la persona con la que has soñado si pensaba en ti o tenía algo que decirte.

9

¿Dónde está Dios en este nuevo paradigma?

En el encuentro entre Napoleón y Laplace,
el primero increpó al segundo respecto a su sistema planetario:
—He visto vuestro sistema y no he encontrado a Dios.
—Es que —respondió Laplace— no tenía necesidad de esa hipótesis.

LA IDEA DE DIOS

La física cuántica destaca que los átomos son eternos y que el 99 % de nuestro organismo está formado por átomos, luego, de alguna manera, tendríamos que ser eternos; pero, en cierto momento de nuestra vida, los átomos de nuestro cuerpo se descohesionan y dejamos de formar un ente particular, complejo y relacionado. Es un problema con el que cada uno de nosotros tropieza tarde o temprano en el curso de su existencia, es el problema de la muerte.

Ante este problema, angustioso para algunos, las religiones han creado toda una serie de respuestas (que, indudablemente, no pueden ser probadas) en las que se asegura al ser humano una supervivencia en «otro» lugar. Así, ha surgido la idea de Dios, creador de todo el Universo, o la idea de una existencia en una especie de rueda kármica de reencarnaciones. El problema es que no podemos demostrar que existe Dios, pero tampoco podemos demostrar que no existe.

«Quizá nos volveremos a encontrar dentro de un millón de años, allí entre esos olmos.»

Loren C. Eiseley (antropólogo)

«He sido joven y doncella y arbusto y pájaro y brillante pez del mar.»

Empédocles

Hasta hace muy poco siempre han sido las religiones las que han supeditado los avances científicos a sus dogmatismos y sus creencias. Lo han hecho con el crucifijo en una mano y la antorcha en la otra. Han llevado a la hoguera a muchos pensadores y han quemado miles de manuscritos que representaban nuevas teorías sobre la realidad que nos rodea.

«No me avergonzaría de tener un mono como antepasado, pero sí me avergonzaría de estar emparentado con un hombre que utiliza grandes dones para ocultar la verdad.»

T. H. Huxley (en defensa de la teoría de Darwin contra los ataques del obispo anglicano Samuel Wilbertorce)

Por citar sólo unos mínimos ejemplos, recordemos que Georges-Louis Leclerc (1707-1788), conde de Buffon, fue obligado a retractarse entre los ortodoxos de la Sorbona por comentar en sus libros que los nuevos descubrimientos habían franqueado el muro del Génesis, que estaba en 6.000 años; Giraud-Solavie fue vilmente perseguido por opinar, en 1779, que el mundo tenía una antigüedad de seis millones de años; Giordano Bruno, hace algo más de cuatrocientos años, fue quemado en la hoguera por sostener que el Sol era una estrella como otras tantas y que podrían existir otros planetas habitados; Galileo Galilei también fue humillado en 1633 por sus ideas astronómicas; Lucilio Vanini (1585-1619) fue condenado en Tolosa a perder la lengua, que le fue arrancada con tenazas, siendo luego estrangulado y quemado en la plaza pública, por el solo hecho de preguntarse por qué el semen de un pez no podía engendrar un hombre; Lamark (1744-1829) murió desconocido y abandonado, sus restos fueron sacados de su tumba como castigo y arrojados a una fosa común, y todo por sus ideas evolucionistas; también fue condenado a la hoguera Miguel Servet (1511-1553) por sus ideas sobre la circulación de la sangre en el cuerpo humano. Y así podríamos ir citando uno por uno cientos de personajes que realizaron importantes descubrimientos en unas épocas en las que discrepar con la Iglesia era herejía.

Ahora, los nuevos descubrimientos de la física y la neurología cuántica, así como la cosmología de los múltiples universos, urgen a replantearse la hipótesis de Dios o, por lo menos, el concepto infantiloide que teníamos hasta ahora de Dios.

> «Es maravilloso pertenecer al grandioso espectáculo de la evolución, siquiera debamos precisar que somos descendientes directos de algunos gases nauseabundos y ciertas descargas eléctricas.»
>
> Harlow Shapley (astrónomo de la Universidad de Harvard, 1885-1972)

> «Lo más incomprensible del mundo es que el mundo sea comprensible.»
>
> Albert Einstein

Antiguamente, cuando los conocimientos científicos eran escasísimos, era fácil convencer a la gente de la existencia de un Dios creador del mundo, un Dios todopoderoso. Hoy, no sólo sabemos que nuestro mundo es un planeta más de los miles de millones que existen en nuestra galaxia, sino que, además, existen millones de galaxias y otros cuerpos oscuros, que nuestro Universo, probablemente, está cohesionado con universos paralelos con dimensiones distintas y leyes completamente desconocidas. Sabemos que el mundo no se creó hace unos 6.000 años, como se decía antiguamente, sino que una gran explosión en la nada creo nuestro Universo hace alrededor de 12.000 millones de años. Somos descendientes de agrupaciones de átomos y gases nauseabundos, hemos seguido una tortuosa evolución y provenimos de simios cazadores.

«No hay Dios, sino realidad.
Buscarlo en otro lugar
es el hecho de la caída.»

Hermandad Sarmouni

¿TIENE EL UNIVERSO NECESIDAD DE UNA CAUSA PRIMERA?

La incertidumbre cuántica se acerca más a la filosofía budista, ya que no precisa una primera causa. Para el budismo, el tiempo no es lineal, es cíclico, el bucle se cierra sobre sí mismo y no es necesaria una primera causa. La física cuántica destaca que las partículas pueden surgir de un modo súbito e imprevisible, pueden provenir de otros universos. Vemos pues que estas partículas no tienen una causa precisa. Así, la incertidumbre cuántica permite al tiempo, al espacio y al Universo surgir espontáneamente del vacío. El Universo no tiene necesidad de una causa primera, aparece en virtud de una fluctuación cuántica. Un universo sin causa primera tampoco tiene necesidad de Dios.

Recordemos, por otra parte, que el tiempo y el espacio se crearon al mismo tiempo que nuestro Universo. No parece muy lógica la existencia de un Dios esperando un tiempo infinito y luego decidiéndose a crear el Universo. ¿Con qué fin? ¿Para qué? Por otra parte, el acto de la creación solamente tiene sentido en el tiempo, pero el tiempo no existía antes de la creación de nuestro Universo, se creo al mismo instante, lo que nos lleva a otra pregunta sin respuesta, a saber, ¿dónde estaba un Dios sin tiempo?

Esta pregunta me recuerda la anécdota del seminarista y el sacerdote cuando el primero pregunta al segundo: «¿Dónde estaba Dios antes de crear el mundo?». Y el sacerdote le responde enfurecido: «Creando el infierno para las personas que hacen preguntas como la tuya».

La realidad es que un Dios fuera del tiempo tampoco podría ayudarnos, y si ese Dios es capaz de trascender el tiempo quiere decir que conoce el futuro, en tal caso nos podemos replantear por qué no ha impedido las matanzas y los sufrimientos humanos. O bien, si Dios conoce el futuro, para qué crear el mundo si ya sabe el resultado.

Para John Wheele, creador de la teoría del Universo cíclico, el hombre es el responsable de la aparición del Universo, ya que nuestra existencia produciría retroactivamente la emergencia del Universo. Es lo que conocemos como «principio antrópico».

«Un Dios situado en el tiempo no sería todopoderoso. Estaría sometido a variaciones del tiempo causadas por los agujeros negros, las estrellas de neutrones u otros campos gravitatorios, o por los actos humanos. Esto sería el fin de su omnipotencia.»

Trin Xuan Thuan (astrofísico de la Universidad de Princeton)

El principio antrópico sostiene que la evolución de los seres humanos es tan inconcebiblemente improbable, que el Universo debe haber sabido lo que estaba haciendo desde el mismo comienzo.

Martin Gardner señala que el principio antrópico adopta cuatro formas sucesivas:

1. *Principio antrópico débil:* el Universo nos permite existir.
2. *Principio antrópico fuerte:* la existencia de la vida explica las leyes del Universo.
3. *Principio antrópico participativo:* son necesarios observadores conscientes para determinar la existencia del Universo.
4. *Principio antrópico final:* si la vida, o la conciencia, finaliza, el Universo dejaría de existir.

Siguiendo esta línea podemos afirmar que la ciencia no es el conocimiento del mundo, sino tan sólo una interpretación del mundo. Este enfoque es la esencia de la postmodernidad, que afirma que el mundo no es una percepción, sino sólo una interpretación.

Vemos que el origen de la vida no es incompatible con las leyes naturales conocidas, leyes que no precisan necesariamente una intervención divina.

«...uno de los grandes avances en la comprensión del envejecimiento ha sido el hallazgo de que, en realidad, no existe ningún programa para morir.»

Tom Kirkwood (gerontólogo de la Universidad de Newcastel)

Hoy vivimos aislados en el tercer planeta de una estrella enana amarilla que se encuentra en un brazo exterior de nuestra galaxia, pero estamos descubriendo numerosos planetas en otras estrellas de nuestra galaxia (más de doscientos en la actualidad), lo cual supone que en alguno de ellos pueda existir una vida semejante a la nuestra. Matemáticamente es posible, ya que existen más de cien mil millones de galaxias, y cada una tiene una media de doscientos millones de estrellas, posiblemente con una docena de planetas cada una, lo que significarían cien mil millones de billones de planetas en todo el Universo visible. Sería tremendamente absurdo que sólo en uno hubiera aparecido la vida.

Creo que existen civilizaciones rutilantes en otros planetas, todas ellas con historias y creencias distintas, con millones de millones de religiones, con sus dogmas y sus dioses y diosas, o bien sin creencia religiosa alguna, incluso con seres que hayan evolucionado hasta tal grado que los haga semejantes a la idea que tenemos de los dioses. Con tantas religiones, ¿en cuál podríamos creer? ¿Qué ocurriría si hubiese un contacto entre nuestra civilización y otra extraterrestre más avanzada que nos explicase que nuestras creencias religiosas son puras leyendas? Posiblemente, las religiones actuales les acusarían de ser los mismos representantes del Anticristo.

«¿Qué es la vida? Un usufructo de un conjunto de moléculas.»

Edmond de Goncourt (1822-1896)

«...y cuando el último espíritu se extinga sobre la Tierra desierta, el Universo no sentirá sobre sí ni siquiera el paso de una furtiva sombra...»

Jean Rostand (biólogo y escritor, 1894-1977)

¿QUÉ ES LA MUERTE?: UN REGRESO A NUESTRA VERDADERA CASA

Para muchos investigadores, la muerte es sólo una desconexión de nuestra conciencia de la parte física de nuestro cuerpo. Lynne McTaggart, autora de *El campo,* destaca que estudios serios y rigurosos realizados en laboratorios de la Universidad de Arizona, parecen corroborar la idea de que la conciencia sigue adelante después de la muerte. Así, Fritz-Albert Popp, describe que, cuando morimos, nuestra frecuencia experimenta un «desprendimiento» de la materia de nuestras células. Para este investigador, la muerte podía ser una simple cuestión de volver a casa o, con más precisión, de quedarse atrás: «retornar al campo».

¿Nos lleva la muerte a otra realidad o a la verdadera realidad? Krishnamurti,[21] destaca que morimos a lo conocido, morimos a lo aparente para nacer en lo real. En las sociedades primitivas o tradicionales, la muerte física no se ve como una fractura con la vida, ya que vida y muerte constituyen una continuidad, por lo que la muerte se convierte en una paso a una nueva trasformación, a un nuevo estado misterioso que desconocemos ya que, como bien dice el monólogo de Shakespeare, «ningún caminante retorna...», al menos con una forma física.

«*Pompa mortis magis terret quam mors ipsa.* (Aterra más la pompa de la muerte que la muerte misma).»

Francis Bacon *(Ensayos)*

21. En *The Wholenees of life* (1878).

«Hazme ir del no-ser al ser.
Hazme ir de la oscuridad a la luz.
Hazme ir de la muerte a la inmortalidad.»

Bridha Upanishad

Si tenemos una idea de eternidad, si el Universo es eterno dentro y fuera de la nada, es evidente que nada nace, nada muere, nosotros vemos transmisiones, pero el Ser y el Universo son eternos.

LA MUERTE NO PUEDE ARREBATARNOS EL PRESENTE

Como ya hemos mencionado en el capítulo seis, el presente es lo único que existe, el pasado es inamovible y el futuro es algo que creamos cada instante. Vivimos en un eterno presente. Por tanto, ¿qué nos puede arrebatar la muerte? Nada más que el pasado y el futuro, dos aspectos que no tienen existencia si vivimos en un eterno presente. La muerte no puede arrebatarnos el presente y la eternidad ya que están fuera de su alcance.

Por otra parte, hemos dicho que estamos formados por átomos que forman parte del Universo, somos el Universo mismo. ¿No será la muerte un retorno a nuestro origen que no es otro que el Universo? La física cuántica dice que cada partícula consiste en todas las demás partículas, cada una de las cuales es, en el mismo sentido y al mismo tiempo, todas las otras partículas juntas.

El budismo mahayana equipara el Universo con una vasta red de joyas en cuyo seno el reflejo de una de las joyas está contenido en todas ellas, y los reflejos de todas están contenidos en cada una.

PARA FORMAR PARTE DEL NUEVO PARADIGMA

- En cada momento y en cada instante debes ser consciente de que estás formado por átomos.
- Urge replantearse la hipótesis y el concepto que tenemos de Dios.
- Debes considerar que puede que seas responsable de la aparición del Universo.
- La vida en otros planetas no es una utopía, es una probabilidad cada día más alta. Tienes que saber que, tarde o temprano, el encuentro con otros seres llegará, debes estar mentalizado para ese encuentro.
- No debes temer a la muerte, ya que la conciencia seguirá adelante después de la muerte.
- Considera que nada nace y nada muere, el Ser y el Universo visible e invisible son eternos.
- Si el presente siempre existe, la muerte no puede arrebatarte ese presente.

10

Conciencia cósmica y conciencia cuántica

Un guijarro que cae en cualquier parte de un estanque afectará a todo el estanque. Lo que transcurre en la conciencia afecta a todo el Universo.

Michael Talbot *(Misticismo y física moderna)*

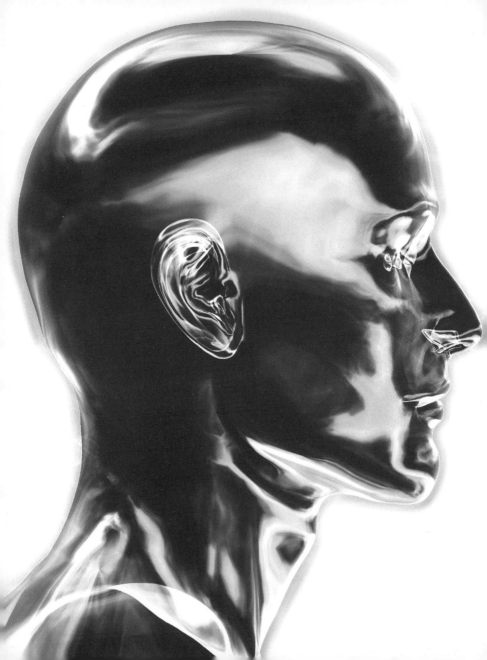

LA MENTE CÓSMICA

Con la llegada de la nueva física, la psicología y la cosmología, cada vez más, muchos científicos están volviéndose a plantear el enigma de la conciencia. Y también están empezando a relacionar la conciencia humana con una conciencia cósmica.

Si santa Teresa o cualquier otro santo de los que de verdad han tenido experiencias místicas, las viviera ahora con los conocimientos actuales, sus conclusiones de lo que les ha acaecido serían distintas. En los tiempos que les acaecieron los hechos sólo existía una respuesta mística, y sólo podía ser debida a la intervención de Dios. Sus estados modificados de conciencia no tenían otra explicación que un hecho místico, hoy habría que replantearse lo sucedido como algo inmerso en la conciencia cósmica.

«Algunas prácticas del Cosmos vivo indican un Universo que no puede comprenderse desde una perspectiva racionalista.»

Frédéric Lenoir

El pensamiento racionalista siempre ha visto el Cosmos como un entorno de materia sin vida, como una construcción carente de cualquier inteligencia.

Ahora, muchos científicos ven ese universo que nos rodea como una mente cósmica, como un complejo de energías y partículas con una vida misteriosa y enigmática que aún no hemos comprendido, incluso con una conciencia que puede estar tratando de comunicarse con nosotros.

«No resulta inverosímil pensar que todas las estructuras del Universo desde las partículas subatómicas hasta las galaxias y desde las bacterias hasta los seres humanos sean manifestaciones de la dinámica autoorganizadora del Universo, que hemos identificado como la mente cósmica.»

Fritjof Capra

Hemos visto cómo en la física cuántica nos habla de partículas que albergan información, que se comunican entre ellas. Nosotros estamos formados de esas partículas que también componen todo el Universo que nos rodea. Formamos parte del Universo, somos el Universo contemplándose a sí mismo. Por otra parte. la física cuántica dice que cada partícula consiste en todas las demás partículas, cada una de las cuales es, en el mismo sentido y al mismo tiempo, todas las otras partículas juntas.

Nosotros somos, desde el punto de vista cósmico, una parte de todo el Cosmos. Las partículas que nacieron en los primeros instantes del Universo se encuentran en nuestros átomos. El átomo de carbono, que es tan necesario en nuestra constitución física, se ha formado en nuestro Sol o en uno anterior. Tenemos inscrita en nosotros la totalidad de la memoria del Universo. Como seres humanos, hemos desarrollado una inteligencia recientemente, no hace menos de cien mil años, el Universo existe hace más de 12.000 millones de años, quién puede dudar que no ha desarrollado una inteligencia muy superior a la nuestra, y por supuesto una conciencia cósmica.

No es una idea nueva, ya los neoplatónicos, herméticos y alquimistas creían que el Cosmos estaba animado de un alma colectiva capaz de manifestarse es-

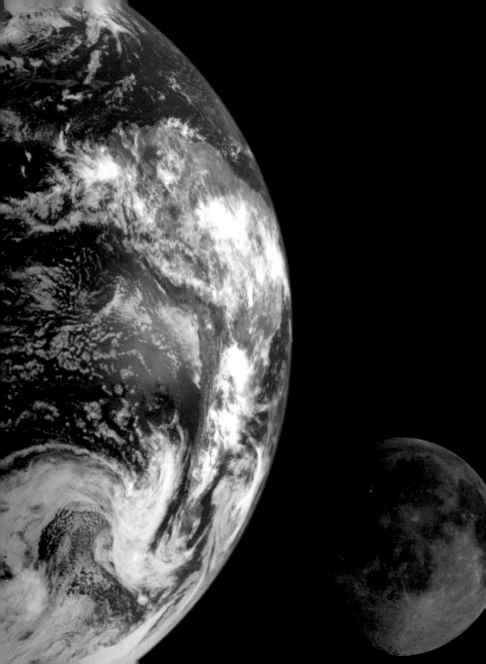

piritual o físicamente. En sus tiempos, esta reflexión contradecía a la Iglesia, e indudablemente se convertía en una herejía. Hoy, la única herejía está en limitar el pensamiento humano y encerrarlo en una cáscara de nuez para que no vea más allá de unos límites prefijados.

¿DÓNDE ESTÁ NUESTRA CONCIENCIA?

Todo parece indicar que la conciencia es un fenómeno global que ocurre en todo el cuerpo y no simplemente en el cerebro. Los filósofos del shaivismo de Cachemira creen que la mente es simplemente una forma contraída de la conciencia universal.

«...la estructura de la materia no puede ser independiente de la conciencia.»

Jack Sarfatti (físico)

Para el anestesiólogo de la Universidad de Arizona Stuart Hameroff, la conciencia humana tiene un lugar en nuestro cuerpo. Así, cree que la actividad eléctrica de los microtúbulos que componen las partes internas de las dentritas y neuronas cerebrales debe de estar, de alguna manera, en el núcleo de la conciencia.

En cualquier caso, recordemos que, como ya hemos explicado, la conciencia opera al nivel de la frecuencia cuántica, y también reside de manera natural fuera del espacio y del tiempo.

La nueva psicología y la moderna medicina creen que está emergiendo nuestra conciencia. Éste sería sin duda el siguiente paso de la evolución humana en la Gran Cadena del Ser. Hemos pasado de seres primitivos y uroóricos, rodeados de entornos mágicos y míticos, a seres con una inteligencia y un psiquismo que cada vez comprendemos mejor. El siguiente paso de este proceso evolutivo es la emergencia de nuestra conciencia. Ahora, el

Universo, el cosmos consciente sólo quiere que nos pongamos en contacto con él.

Sin embargo, a pesar de nuestra conciencia emergente, ocurre que apenas somos, valga la redundancia, conscientes de ella. No escuchamos a nuestra conciencia que emerge de nuestro interior, de nuestros átomos, y que quiere ser tenida en cuenta para poderse comunicar con el todo.

«El Universo alienta a las formas que se le parecen, es decir a las formas conscientes de sí mismas.»

Jean Bouchard d'Orval *(La plenitud del vacío)*

«La conciencia puede ser un campo más —como la gravedad o el electromagnetismo— que expande un vínculo de comunicación, que podrá o no manifestarse dentro de nuestro limitado espacio de sensibilidad y percepción.»

Frank Lawlis *(Medicina transpersonal)*

UN UNIVERSO QUE SÓLO PRETENDE CONTACTAR CON NUESTRA CONSCIENCIA

El Universo sólo pretende que podamos comprenderlo, y por eso nos alienta para que seamos conscientes de nosotros mismos. Lamentablemente, el sistema social en que vivimos no alienta al desarrollo de nuestra conciencia, sino que, más bien al contrario, parece pretender sumergirnos en un mundo de seres maquinales donde todo lo que no sea material carece de valor. Ocurre entonces que la conciencia se retira cada vez que nuestras acciones se convierten en hechos profanos y automáticos. Entonces perdemos esa posibilidad de evolucionar a un estado superior que nos permita conectar con el Cosmos.

Dice la doctora Consuelo Martín que si queremos encontrar la verdad sobre la existencia es necesario que nos abramos a la unidad de la conciencia, donde conocer y ser uno es lo mismo, y dónde el espectador y el espectáculo coinciden.

«Si la propia conciencia crea orden —o si, en cierto sentido, crea el mundo—, esto sugiere que el ser humano tiene mucha más capacidad de la que se le atribuye habitualmente.»

Lynne McTaggart *(El campo)*

El mundo material que vemos y la forma en que lo vemos nos ha servido para sobrevivir. Ahora, además de eso, precisamos conocimientos, de lo contrario no sobreviviremos en el futuro, y si lo hacemos será como ahora, con la incapacidad de conectar con la conciencia cósmica.

PARA FORMAR PARTE DEL NUEVO PARADIGMA

- Debes empezar a observarte a ti y a los demás, darte cuenta de que todos somos un observador que se autoobserva.
- Has de tener conciencia de que todos estamos formados por partículas y que sólo la piel nos separa de lo observado. Esas partículas que nos forman no tienen ninguna barrera, entran y salen de nuestro cuerpo, existen en una interacción continua. Formamos parte de todo lo que nos rodea.
- Debes recordar que el Universo sólo espera que tu conciencia sea consciente de su presencia.
- Recordemos la frase de Wislawa Szymborska (premio Nobel de literatura 1996): *«Ayer me porte mal con el cosmos. / Viví todo el día sin preguntar nada / sin sorprenderme de nada. / Realicé acciones cotidianas como si fuera lo único que tenía que hacer».*

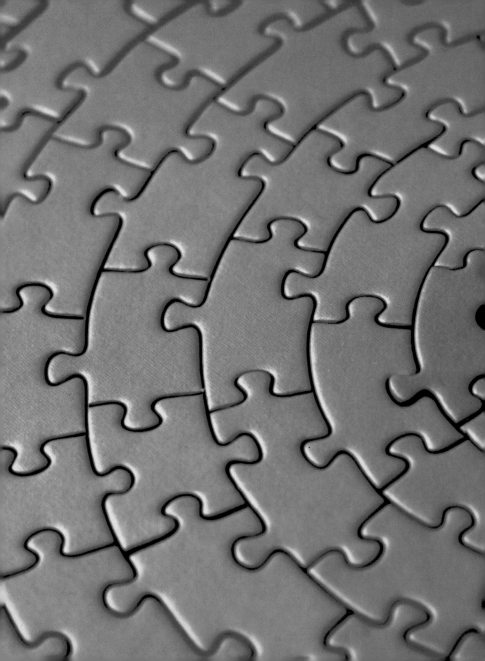

11

Protocolos para un nuevo paradigma

*No estamos sometidos a nadie; no tememos a la muerte; no su-
friremos en el infierno; no vivimos en la ilusión; no nos sentimos
llenos de regocijo; no conocemos los males; no nos doblegamos ante
nadie; todo es felicidad para nosotros.*

Canción de los Nayanar
(poetas santones devotos de Shiva)

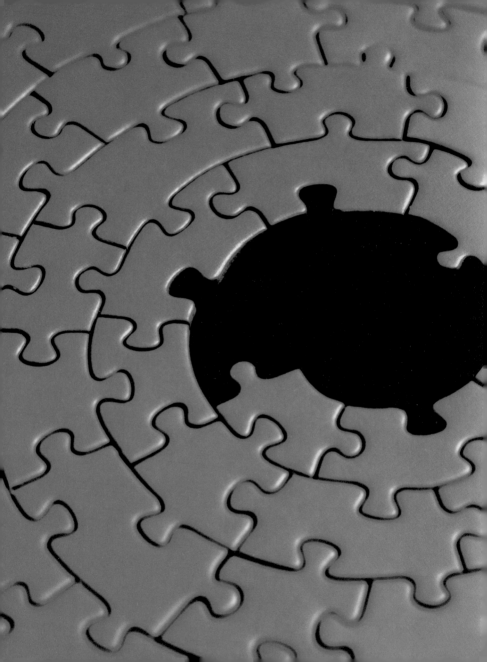

BREVE INTRODUCCIÓN

Si el mundo se encuentra ante un nuevo paradigma, también nuestros valores deben cambiar. Se hace preciso instaurar unos nuevos protocolos que consideren la visión de ese nuevo paradigma, unos protocolos que incluyan las nuevas ideas y la aceptación de todos aquellos seres sensibles que han abierto las puertas a la conciencia cósmica del Universo que nos rodea, a un espíritu más abierto de tolerancia ante los misterios que entraña nuestro Universo, ante la idea de que todo puede ser distinto al mundo material en que vivimos.

Estos protocolos son sólo un proyecto, una idea que debemos empezar a considerar.

APARTADO PRIMERO
DERECHOS FUNDAMENTALES

1. Toda persona tiene derecho a la libertad, la igualdad y la fraternidad, así como a recibir un conocimiento que le permita un crecimiento de su Ser y le reporte niveles más altos de conciencia y creatividad espiritual.

2. No se hará ningún tipo de discriminación por razones de nacimiento, raza, sexo o religión. Nadie es superior a los demás por los motivos que sean, ni tampoco puede considerarse elegido por las causas relativas a su descendencia.

3. Toda persona, frente al poder del Estado o las instituciones, tiene plena soberanía con respecto a su cuerpo, su sexualidad y su práctica espiritual.

4. Toda persona tiene derecho a la libre intimidad de su vida privada y a vivir constituyendo el núcleo de unidad familiar que desee.

5. Toda persona tiene derecho a satisfacer sus necesidades básicas de seguridad, dependencia, amor y respeto, de modo que se sienta libre de amenazas, independiente, interesado y espontáneo, para poder atreverse a elegir lo desconocido.

6. El ser humano tiene un grado de responsabilidad y libre albedrío, y su desarrollo espiritual y su evolución de conciencia puede acrecentarlo.

APARTADO SEGUNDO
DERECHO TERRITORIAL Y VALORES

7. Somos ciudadanos del Universo y, por tanto, no existen límites que nos impidan expandirnos física y mentalmente. La Tierra es, hoy por hoy, nuestro límite físico y cualquier lugar de ésta puede ser nuestro territorio.

8. Los valores sociales actuales han sido creados por los sistemas y gobiernos. Toda persona tiene derecho a la libertad de sus propios valores, que deben ser respetados.

9. La principal política a desarrollar es la antropolítica, basada en los derechos del ser humano, su libre evolución y la humanización de las conductas.

10. Cualquier tipo de violencia, sea la que sea, es deshumanizada e irracional y perjudica gravemente los aspectos psicológicos del individuo; en consecuencia, hay que rechazar la política armamentística que incita a este tipo situación, dejar de implicarse en conflictos que tiendan a la destrucción y negarse a malgastar energías en otros valores que no sean el crecimiento interior y la ayuda a nuestros semejantes.

11. Todo ser humano tiene derecho a entornos óptimos que le ayuden a su desarrollo psicológico, lugares donde convivir con personas que valoren su crecimiento transpersonal y que estén comprometidas en su práctica y cultivo.

12. La Tierra y sus riquezas pertenecen a todos los seres humanos y, por tanto, el beneficio extraído de sus explotaciones tiene que revertir preferentemente en fomentar los principios que se expresan en estos Protocolos.

APARTADO TERCERO
OBLIGACIONES FUNDAMENTALES

A. Generales

13. La Tierra es nuestra cuna y también la nave que nos permite viajar físicamente por el Universo. Formamos parte de ella, compartimos sus átomos, moléculas y energías y, por lo tanto, se debe proteger y defender de cualquier tipo de agresión.

14. Tenemos la obligación de respetar las demás formas de vida inferiores y considerar que están para ser protegidas y que forman un legado indestructible. Son seres dotados de sensibilidad que se encuentran en un proceso de evolución al igual que lo estuvimos nosotros.

15. Todas las tradiciones antiguas transmiten un conocimiento que debemos conservar, respetar y estudiar. Deben ser consideradas como sagradas y componentes del inconsciente colectivo de la Humanidad.

16. Debemos fundamentar una sociedad más altruista en cuanto a la transmisión del conocimiento, con vínculos más profundos a la realización individual, la superación del yo y la autotranscendencia.

17. Estamos en este mundo para comprender nuestro lugar en el Universo y cumplir armónicamente nuestra función con él.

B. Individuales

18. Toda persona tiene el deber de trabajar interiormente para evolucionar mentalmente, crecer en su Ser espiritual y desarrollar niveles más altos de la conciencia. El desarrollo humano se realiza a lo largo de toda la vida.

19. Toda persona tiene el deber de cuidar su cuerpo y su salud, y para ello procederá no sólo a trabajar con las técnicas necesarias, sino que cuidará su alimentación y evitará todo aquello que le perjudique. Su cuerpo es un patrimonio genético que debe respetar y transmitir.

APARTADO CUARTO
EL DERECHO A UN CONOCIMIENTO

20. Ningún dogma, creencia o escuela tiene la verdad absoluta, y sus enseñanzas no deben privilegiarse sobre las demás, ni significar un compromiso absoluto.

21. Nadie puede obligar a otras personas a seguir un camino determinado de enseñanza o trabajo interior.

22. Todo conocimiento transmitido debe ser respetuoso con el receptor, no debe ni manipular la mente, ni producir una presión tal que pueda perjudicar al receptor.

23. Todos aquellos que han alcanzado estadios superiores de conocimiento tienen la obligación moral de ayudar a que otros puedan alcanzar este mismo estadio. Siempre que sea posible, deben hacerlo favoreciendo con enseñanzas (ejercicios y prácticas) la potenciación y desarrollo de las mentes de los demás, ayudándolos para que a través de su autoconocimiento encuentren su equilibrio, armonía y bienestar mental.

24. Los que han alcanzado determinados niveles de conocimiento tienen que ayudar a proteger la mente de terceros contra las agresiones deshumanizadoras y los falsos condicionamientos. En resumen, se trata de ayudar a los demás para que tengan mayor percepción de la realidad, mayor aceptación de sí mismos y de los otros, mayor independencia, autonomía y resistencia al adoctrinamiento, mayor frecuencia de experiencias superiores, mayor identificación con la especie humana, mayor grado de mejora de sus relaciones interpersonales y mayor creatividad. Se trata de facilitar un recordatorio y un consejo constante a nuestros compañeros y compañeras de viaje.

APARTADO QUINTO
LA ENSEÑANZA DEL CONOCIMIENTO

25. No se puede enseñar si antes no se ha aprendido, no en el sentido de la acumulación de conocimientos, sino en el de la propia transformación.

26. El pensamiento racional no es sino uno entre muchos tipos de conocimiento humano y puede resultar engañoso si no se armoniza con otros conocimientos.

27. El conocimiento tiene que considerarse dentro de un ámbito sagrado y ser tratado con respeto.

28. El conocimiento no debe ser transmitido a quien no esté preparado para recibirlo, ya que, de ser así, supondría una pérdida de tiempo para el instructor/maestro y el discípulo.

29. El conocimiento no debe transmitirse gratuitamente, es decir, a quien no hace ningún esfuerzo o sacrificio para recibirlo.

30. El conocimiento no debe transmitirse a quien practica una doble moral, es decir, a quien dice aceptar el camino del conocimiento y se comporta de otra manera en su vida profana, porque eso significaría que no lo ha comprendido.

31. El cultivo de los estados modificados de conciencia es esencial en muchos aspectos y su práctica es necesaria para nuestro desarrollo en el Universo. Por lo tanto, se utilizarán las técnicas, elementos y substancias necesarias para poder alcanzar dichos estados, siempre y cuando estos aspectos no infrinjan los protocolos anteriores.

32. El paradigma científico actual es sólo una herramienta válida para cierto progreso de la Humanidad. Sin embargo, cabe la posibilidad de nuevos paradigmas científicos o transpersonales que nos ofrezcan nuevas oportunidades de progreso y crecimiento interior.

33. Debemos aceptar la posibilidad de que nuestro Universo sea tan sólo uno de los universos posibles, una realidad más, y que existan otros universos o realidades a las cuales tenemos acceso a través de los estados modificados de conciencia. Esta posibilidad está en concordancia con las nuevas teorías cosmológicas de los multiuniversos y la física cuántica.

Epílogo

Si algo positivo han proporcionado la nueva física, la psicología transpersonal, la neurología evolutiva y otras disciplinas progresistas ha sido abrirnos las puertas a una sinfín de posibilidades sobre nuestra existencia, el Cosmos que nos rodea y nuestro destino en él.

Me deprimen enormemente esos seres mediocres que tienen una visión del ser humano como si fuese una máquina movida por impulsos químicos, con una existencia sin ningún propósito más que nacer, vivir, reproducirse y morir. Esta idea nos convierte en seres desprovistos de conciencia cuya estancia en el planeta Tierra es una simple casualidad evolutiva. Esos pensadores materialistas pretenden convertir «unidad» en «uniformidad», «infinito» en «indefinido», «calidad» en «cantidad», «liberación espiritual» en «libertad de pensamiento», «individualismo» en «despersonalización», «doctrina» en «dogma» y «certidumbre» en «seguridad». Ahora sabemos que debemos buscar el enigma del origen del Universo y de nosotros mismos más allá de las leyes de la ciencia ortodoxa y racional. Los descubrimientos de los científicos de este nuevo milenio demostrarán que el mundo de la conciencia es algo más que un epifenómeno neurofisiológico. También demostrarán que existe una preexistencia de una inteligencia consciente infinita en el Universo. Ya el astrofísico sir James Jeans destacaba que el Universo empieza a parecerse más a un gran pensamiento que a una máquina.

Es curioso que muchos científicos acepten los multiuniversos y las hiperdimensiones mientras prefieren omitir la existencia de experiencias de realidades trascendentes. Posiblemente lo hacen por prejuicios sociales o laborales, o porque les cuesta comprender, con nuestros valores, otras realidades en las que la vida siga adelante. Es decir, estamos tan acostumbrados a identificar la realidad de una forma material que nos resulta difícil concebir la posibilidad de la «vida después de la vida» como algo coherente con la vida misma, aunque en un plano diferente. Creemos que todo tiene que ser igual a nuestra experiencia vital terrena, con un cuerpo, una materia, unos valores, etc., cuando en realidad esa «vida después de la vida» puede manifestarse como «otra cosa», algo difícil de imaginar por nuestro rudimentario cerebro. Podemos ser, simplemente, partes pequeñas de una gran conciencia que se ha fragmentado a sí misma con el fin de que sus partes puedan ser lo que son y logren vivir infinidad de experiencias cósmicas. Ya hemos visto cómo las tradiciones antiguas, especialmente los *Upanishads,* dicen que la materia no crea la conciencia; es la conciencia la que crea la materia. La realidad de la nueva ciencia admite que debe de existir un número infinito de universos, muy posiblemente cada uno distinto de los demás. Ocurre que si el nuestro nos parece especial es sólo porque, en un universo dotado de propiedades diferentes a éste, nosotros difícilmente habríamos aparecido. Posiblemente seríamos energías, o quantums de conocimiento, o cualquier otra cosa, desde ondas a partículas, tal vez con una conciencia individual o colectiva.

Los condicionamientos y comportamientos enraizados en nuestra vieja información cerebral nos amenazan. Precisamos entrar en un nuevo paradigma mental que se ajuste a los descubrimientos de la física cuántica, de la nueva cosmología, de la neurología moderna, un espacio distinto lleno de nuevos valores y cargado de inesperados descubrimientos que nos abran las puertas a otras percepciones. Éste es el desafío que nos ofrece la nueva forma de pensar y ver éste y otros universos. La nueva física nos lleva a una espiritualidad diferente, a una respuesta nueva a la altura del nuevo pensamiento, con menos leyendas infantiloides y una nueva visión de nuestro destino final; en resumen, eso es lo que más nos interesa: saber que detrás de todo hay otra forma de vida.

Glosario

agujero negro Se produce como resultado del hundimiento de la materia, creándose así un campo de gravedad muy intenso, igual que un espacio curvo del que ni la materia ni la luz pueden escapar.

antipartícula Partícula elemental constitutiva de antimateria. Su carga eléctrica es de signo opuesto. Al entrar en contacto partículas y antipartículas se aniquilan convirtiéndose en energía. Por ejemplo, la antipartícula del electrón es el positrón, y del protón, el antiprotón.

año luz Distancia recorrida por la luz en un año. Teniendo en cuenta que la velocidad de la luz es de 300.000 kilómetro por segundo, la distancia será de 9,46 billones de kilómetros.

barión Partícula elemental, como el protón y el neutrón, que sufre la influencia de la fuerza nuclear fuerte.

Big Bang: Teoría que mantiene que el Universo comenzó su existencia con una enorme explosión que se produjo en un punto de singularidad hace entre 12 y 20 mil millones de años. La expansión del Universo es causa de esta explosión. El tiempo y la materia se crearon al mismo tiempo.

budismo Tradición de pensamiento que se inició hace más de 2.500 años y que hoy es considerada una de las más importantes religiones derivadas de la enseñanza de Buda (Siddharta Gautama). La enseñanza de Buda se resume en las cuatro nobles Verdades, y uno de sus dogmas fundamentales es la ley del karma, por la que los hechos buenos y malos acaban en una recompensa o castigo en esta vida o en el próximo renacimiento.

conocimiento En el contexto de este libro se entiende como conocimiento una enseñanza superior sobre nosotros mismos y nuestra conciencia, así como el acceso a la conciencia cósmica.

cuerda cósmica Filamento unidimensionales de alta densidad energética, de longitud infinita o bien cerrados (al menos de millones de megaparsecs), que se extienden por el espacio intergaláctico y debieron formarse en la expansión primitiva del Universo. Algunos astrónomos piensan que son el origen de estructuras filamentosas trazadas por las galaxias.

Cuerdas, teoría de Propone que las partículas de las que está hecho todo el Universo, en lugar de ser objetos puntuales, son objetos alargados, literalmente cuerdas que sólo serían observables a altísimas temperaturas o a niveles altísimos de energía, como bajo las condiciones del Big Bang.

densidad crítica Densidad de la materia que produciría un universo plano sin curvatura. Un universo con una densidad superior a la crítica, tendría una curvatura positiva y se hundiría sobre sí mismo. Un universo con una densidad inferior a la crítica, tendría una curvatura negativa y se expandiría eternamente.

deuterio Este elemento químico apareció durante los tres primeros minutos del Universo, su núcleo está formado por un protón y un neutrón.

electrón Es la más ligera de las partículas elementales con carga eléctrica negativa.

elementos primordiales Elementos que se crearon con el Big Bang durante los tres primeros minutos del Universo, como el hidrógeno, el helio, el deuterio y el litio.

entropía La entropía define el estado de desorden de un sistema.

espacios multidimensionales Teoría que predice la existencia de nuevos espacios o universos, con más dimensiones que las cuatro (considerando el tiempo una de ellas) en que vivimos nosotros.

filosofía perenne Idea de que existe una corriente filosófica que ha perdurado a lo largo de los siglos y que es capaz de integrar armoniosamente todas las demás tradiciones en términos de una «única verdad» que subyace a la aparente diversidad de concepciones del mundo.

fotón Partícula elemental de la radiación que carece de masa y se desplaza a la velocidad de la luz.

fuerza electrodébil Fuerza resultante de la unión de la fuerza electromagnética con la fuerza nuclear débil.

fuerza electromagnética Fuerza que sólo actúa sobre las partículas cargadas haciendo que las de carga opuesta se atraigan y las de carga igual se repelan.

fuerza electronuclear Es el resultante de la unión de la fuerza electromagnética con dos fuerzas nucleares, una fuerte y otra débil.

fuerza gravitatoria Fuerza que actúa sobre cualquier masa, es la más débil de todas las fuerzas, pero la de mayor alcance.

fuerza nuclear débil Es la responsable de la desintegración de los átomos y la productora de radioactividad.

fuerza nuclear fuerte Es la más fuerte conocida en la naturaleza, une a los quarks para formar protones y neutrones. No actúa sobre los fotones y los electrones.

hadrón Partícula que sufre la influencia de la interacción fuerte; resulta de la unión de varios quarks. Un barión es un hadrón.

helio Elemento con un núcleo compuesto por dos protones y dos neutrones, pero también existe con un núcleo compuesto de dos protones y un neutrón.

hidrógeno El más ligero de todos los elementos químicos, está formado por un protón y un electrón.

inflación Período inicial del Universo en el que se dilató de modo exponencial y se triplico de tamaño.

isotropía Propiedad del Universo de ser similar a sí mismo en todas las direcciones.

LHC Large Hadrón Collider. Acelerador de partículas construido en Europa.

leptón Partícula elemental sobre la cual la fuerza nuclear fuerte no tiene influencia.

mecánica cuántica Teoría física que nació a principio del siglo XX. Según esta teoría, la materia y la luz pueden ser a la vez onda y partícula, y sólo pueden ser descritas en términos de probabilidades.

neutrino Partícula subatómica producida masivamente en las reacciones nucleares de las estrellas. Corresponde a uno de los tipos de leptones neutros con poca o ninguna masa; son muy difíciles de detectar ya que traspasan la materia sin obrar recíprocamente. Solamente interactúan con otras partículas a través de la fuerza nuclear débil y la fuerza gravitacional.

neutrón Partícula neutra constituida por tres quarks y con una masa similar a la del protón; normalmente se halla en el núcleo atómico.

núcleo atómico Conjunto de protones y neutrones unidos por la fuerza nuclear fuerte. El núcleo es 100.000 veces más pequeño que el átomo.

otros universos Véase *universos (otros)*.

paradigma Thomas Kuhn definió el paradigma como un estado de pensamiento en el que los presupuestos compartidos y las categorías mismas de un campo de la ciencia (explícitas o implícitas) son iguales. Un nuevo paradigma es aceptar unos nuevos límites de la investigación y nuevas teorías.

partícula elemental Componente fundamental de la materia y la radiación.

positrón Antipartícula del electrón.

principio antrópico Principio que cree que el Universo se ha ajustado de un modo sumamente preciso para la emergencia de la vida y la conciencia.

principio cosmológico Principio que cree que el Universo es (se ve) igual a sí mismo en todas partes (homogéneo) y en todas las direcciones (isótropo).

principio de incertidumbre Enunciado por W. Heisenberg, este principio destaca que la velocidad y posición de una partícula no pueden ser calculadas simultáneamente.

protón Partícula de carga positiva compuesta de tres quarks; es componente, junto al neutrón, de los núcleos atómicos.

quark Partícula elemental componente del protón y el electrón con carga eléctrica fraccional y que está sometido a la fuerza nuclear fuerte.

sufismo Rama mística del Islam que comenzó con las experiencias de ascetas en el siglo I d. C. Este movimiento místico y esotérico desembocó en la creación de *tariqas,* o hermandades, que se difundieron por todo el mundo musulmán. La práctica de técnicas de meditación y respiración en las tariqas tienen como objetivo un alejamiento del mundo con el fin de acercarse a la única y verdadera realidad de Dios.

taoísmo El taoísmo surgió en China hacia el siglo IV a. C. Su fundador fue Lao Tsé, y su texto principal es el *Tao-te-King* (o *Tao-te-Ching*), por lo que el taoísmo se basa en el tao. Los taoístas creen en muchos dioses y tratan de vivir en armonía con la naturaleza, buscan el equilibrio entre el lado tranquilo y femenino del cuerpo (yin) y el activo y masculino (yang), siendo su símbolo dual *yin/yang* que representa el equilibrio y la armonía.

tradición La tradición es la transmisión de un conjunto de medios consagrados que facilitan la toma de conciencia de principios inmanentes de orden universal. Se trata del conocimiento interior de una conciencia superior que constituye la razón de ser.

túneles de gusano Teoría que cree posible en nuestro Universo la existencia de «túneles» que nos permitirían desplazarnos de un sitio a otro del Universo con una mayor rapidez que la luz.

universo abierto Universo cuya densidad de materia es superior a la densidad crítica y cuya expansión es eterna.

universo cerrado Universo cuya densidad de materia es superior a la crítica y que se hundirá, en un futuro, sobre sí mismo.

universo cíclico Universo que tiene dilataciones y contracciones de una forma eterna.

universo estacionario Teoría que mantiene que el Universo es en todo tiempo, todo lugar y toda dirección, igual a sí mismo. En este universo existe una creación continua de materia.

universo paralelo La teoría de los universos paralelos mantiene que el Universo se desdobla cada vez que se produce una elección o que se abre una alternativa.

universos (otros) Teoría que predice la existencia de otros universos fuera de nuestro Universo y con constantes iguales o diferentes al nuestro.

Upanishads Los *Upanishads* son textos sagrados del hinduismo que fueron redactados entre los años 800 y 500 antes de Cristo. Son parte integrante de los Vedas y representan una rama de la «tradición primordial», constituyendo la esencia misma del vedante. Su tema central es la búsqueda de la «realidad última».

vacío cuántico Un espacio lleno de partículas y antipartículas virtuales que aparecen y desaparecen en ciclos de muy corta duración.

zen Escuela del budismo que se formó en China a partir del encuentro de la doctrina *mahayana* con el *taoísmo* desarrollado en Japón. El zen trabaja con la meditación sobre la indagación de la psique. Para el zen, el mundo no es pura ilusión, pero tampoco es una realidad absoluta. La meditación zen pretende desarrollar el conocimiento intuitivo y absoluto más allá de los esquemas racionales, así como disolver el yo en el Universo experimentando un sentimiento de unidad cósmica, paz y felicidad.

Bibliografía

Agud, Ana, y Francisco Rubio; *La ciencia del «brahman»*, Editorial Trotta, Madrid, 2000.

Arntz, William, Betsy Chasse y Mark Vicente; *¿¡Y tú qué sabes!?*, Editorial Palmyra, Madrid, 2006.

Blaschke, Jorge; *El cuarto camino de Gurdjieff*, Ediciones Contraste, Madrid, 1993.

—*Vademécum de la meditación*, Ediciones La Tempestad, Barcelona, 1996.

—*Tú lo puedes todo. Introducción a la psicología transpersonal*, Ediciones Tikal, Girona, 1996.

—*¿Hay vida después de la muerte?*, Susaeta Ediciones, Madrid, 1999.

—*Enciclopedia de los símbolos esotéricos*, Ediciones Robinbook, Barcelona, 2001.

—*Enciclopedia de las creencias y religiones*, Ediciones Robinbook, Barcelona, 2003.

—*Meditación práctica*, Editorial Grijalbo, Barcelona, 2004.

—*Vendiendo a Dios*, Volter (Ediciones Robinbook), Barcelona, 2004.

Bloom, Harold; *¿Dónde se encuentra la sabiduría?*, Editorial Taurus, Madrid, 2004.

Bohm, David; *Sobre la creatividad*, Editorial Kairós, Barcelona, 2002.

Brockman, John; *Los próximos cincuenta años*, Editorial Kairós, Barcelona, 2004.

Brockman, John, [*et alt.*]; *El nuevo humanismo y las fronteras de la ciencia,* Editorial Kairós, Barcelona, 2007.

Campbell, Joseph; *Los mitos,* Editorial Kairós, Barcelona, 1993.

Capra, Fritjof; *Sabiduría insólita,* Editorial Kairós, Barcelona, 1990.

—*Las conexiones ocultas,* Editorial Anagrama, Barcelona, 2002.

Capra, Fritjof, y David Steindl-Rast; *Pertenecer al Universo,* Edaf, Barcelona, 1994.

Castaneda, Carlos; *Las enseñanzas de Don Juan,* Fondo de Cultura Económica, México, 1968.

Chopra, Deepak; *Curación cuántica,* Plaza & Janés, Barcelona, 1991.

Chown, Marcus; *El universo vecino,* La Liebre de Marzo, Barcelona, 2005.

Csikszentmihalyi, Mihaly; *Fluir,* Editorial Kairós, Barcelona, 1996.

Day, Laura; *La intuición eficaz,* Ediciones Martínez Roca, Barcelona, 1997.

Dossey, Larry; *Tiempo, espacio y medicina,* Editorial Kairós, Barcelona, 1986.

Ferguson, Marilyn; *La conspiración de Acuario,* Editorial Kairós, Barcelona, 1985.

—*La revolución del cerebro,* Heptada Ediciones, Madrid, 1991.

Goleman, Daniel; *La meditación y los estados superiores de consciencia,* Editorial Sirio, Málaga, 1990.

—*El punto ciego,* Plaza & Janés, Barcelona, 1997.

González Garza, Ana María; *Colisión de paradigmas,* Editorial Kairós, Barcelona, 2005.

Gott, Richard; *El viaje en el tiempo,* Editorial Tusquets, Barcelona, 2003.Grof, Stanislav; *El juego cósmico,* Editorial Kairós, Barcelona, 1998.

—*Sabiduría antigua y ciencia moderna,* Cuatro Vientos, Santiago de Chile, 1991.

—*La mente holotrópica,* Editorial Kairós, Barcelona, 1993.

Grof, Stanislav, Y Christina Grof; *La tormentosa búsqueda del ser,* La Liebre de Marzo, Barcelona, 1995.

Grof, Stanislav, [*et alt.*]; *La consciencia transpersonal,* Editorial Kairós, Barcelona, 1998.

Grof, S., F. Vaughan, J. White, F. Varela [et alt.]; *La evolución de la conciencia,* Editorial Kairós, Barcelona, 1994.

Grof, Stanislav, Ervin Laszlo y Peter Russell; *La revolución de la conciencia,* Editorial Kairós, Barcelona, 2000.

Haisch, Bernard; *La teoría de Dios,* Gaia Ediciones, Madrid, 2007.

Harner, Michael, [*et alt.*]; *El viaje del chamán,* Editorial Kairós, Barcelona, 1988.

Harpur, Patrick; *Realidad daimónica,* Editorial Atalanta, Girona, 2007.

—*El fuego secreto de los filósofos,* Editorial Atlanta, Girona, 2006.

Huxley, Aldous; *Las puertas de la percepción,* Edhasa, Barcelona, 1977.

—*La filosofía perenne,* Edhasa, Barcelona, 1992.

Kirsch, Jonathan; *Dios contra los dioses,* Ediciones B., Barcelona, 2006.

Kuhn, Thomas; *Segundos pensamientos sobre paradigmas,* Editorial Tecnos, Madrid, 1978.

Lawlis, Frank; *Medicina transpersonal,* Editorial Kairós, Barcelona, 1999.

Laszlo, Ervin; *La ciencia y el campo afásico,* Editorial Nowtilus, Madrid, 2004.

—*Cosmos creativo,* Editorial Kairós, Barcelona, 1997.

Lenoir, Frédéric; *La metamorfosis de Dios,* Alianza Editorial, Madrid, 2006.

Levine, Stephen; *Sanar en la vida y en la muerte,* Los Libros del Comienzo, Madrid, 1995.

Margulis, Lynn, y Dorion Sagan; *Danza misteriosa,* Editorial Kairós, Barcelona, 1992.

Marina, José Antonio; *La inteligencia fracasada,* Editorial Anagrama, Barcelona, 2005.

Martin, Paul; *Enfermar o curar por la mente,* Debate, Madrid, 1997.

Martín, Consuelo (ed.); *Bhagavad Gita,* Ediciones Trotta, Madrid, 1997.

—*Conciencia y realidad,* Editorial Trotta, Madrid, 1998.

—*Discernimiento,* Editorial Trotta, Madrid, 2006.

McTaggart, Lynne; *El campo: en busca de la fuerza secreta que mueve el universo,* Editorial Sirio, Málaga, 2006.

Nelson, John; *Más allá de la dualidad,* La Liebre de Marzo, Barcelona, 1994.

Nogués, M. Ramón; *Déus, creences i neurones,* Editorial Fragmenta, Barcelona, 2007.

Onfray, Michel; *Tratado de ateología,* Editorial Anagrama, Barcelona, 2006.

Orstein, Robert; *La evolución de la conciencia,* Emecé Editores, Barcelona, 1994.

Punset, Eduardo; *Cara a cara con la vida, la mente y el Universo,* Ediciones Destino, Barcelona, 2006.

Rees, Martin; *Nuestra hora final,* Editorial Crítica, Barcelona, 2003.

Rowan, John; *Lo transpersonal,* La Liebre de Marzo, Barcelona, 1997.

Sheldrake, Ruppert, Terence McKenna y Ralph Abraham; *Caos, creatividad y consciencia cósmica,* Ediciones Ellago, Castellón de la Plana, 2005.

Smith, Huston; *Más allá de la mente postmoderna,* Editorial Kairós, Barcelona, 2001.

Talbot, Michael; *Misticismo y física moderna,* Editorial Kairós, Barcelona, 1985.

Tart, Charles T.; *El despertar del «self»,* Editorial Kairós, Barcelona, 1989.

—*Psicologías transpersonales,* Ediciones Paidós Ibérica, Barcelona, 1994.

Vaughan, Frances; *Sombras de lo sagrado,* Gaia Ediciones, Madrid, 1997.

Weber, Renée; *Diálogos con científicos y sabios,* La Liebre de Marzo, Barcelona, 1990.

Weil, Pierre; *Los límites del ser humano.* La liebre de Marzo, Barcelona, 1997.

Wilber, Ken; *Cuestiones cuánticas,* Editorial Kairós, Barcelona, 1986.

—*La conciencia sin fronteras,* Editorial Kairós, Barcelona, 1985.

—*Un dios sociable,* Editorial Kairós, Barcelona, 1988.

—*El proyecto Atman,* Editorial Kairós, Barcelona, 1989.

—*Después del Edén,* Editorial Kairós, Barcelona, 1995.

—*Breve historia de todas las cosas,* Editorial Kairós, Barcelona, 1997.

—*Sexo, ecología y espiritualidad,* (trilogía), Gaia Ediciones, Madrid, 1997.

—*El ojo del espíritu,* Editorial Kairós, Barcelona, 1998.

—*Ciencia y religión,* Editorial Kairós, Barcelona, 1998.

—*Una visión integral de la psicología,* Alamah, México, 2000.

Wilber, Ken (ed.) [et alt.]; *El paradigma holográfico.* Editorial Kairós, Barcelona, 1987.

—*¿Qué es la iluminación?,* Editorial Kairós, Barcelona, 1988.

Wilber, Ken (ed.), Ruppert Sheldrake, Stanislav Grof [*et alt.*]; *¿Vida después de la muerte?,* Editorial Kairós, Barcelona, 1993.

Wolf, Fred Alan; *La búsqueda del águila,* La Liebre de Marzo, Barcelona, 1993.

Xuan Thuan, Trinh; *La melodía secreta,* Heptada Ediciones, Madrid, 1992. [Hay edición de Ediciones de Intervención Cultural, Mataró (Barcelona), 2007.]

Zukav, Gary; *La danza de los maestros de Wu Li,* Gaia Ediciones, Madrid, 1999.

Más allá de El secreto es más que un libro, es una revelación, una oportunidad única de transformar nuestras vidas. Todas las claves del aclamado mensaje de Rhonda Byrne en *El Secreto* son aquí desveladas para que cada uno acceda a su propia vía de superación personal y alcance mayores cotas de éxito y bienestar gracias a un conocimiento adecuado de su poder mental. La autora no sólo va un poco «más allá de *El Secreto*», sino que pone a nuestro alcance toda su sabiduría sobre las leyes esenciales del mentalismo.

Una de las aportaciones más útiles de esta obra es la recopilación de consejos y métodos de superación personal elaborados por los mejores expertos actuales en pensamiento positivo, presentados aquí de forma sencilla y ordenada. Tiene en sus manos, sin lugar a dudas, un texto de incalculable valor que puede cambiar su vida si se atreve a profundizar en él para descubrir cómo transformar su vida y cumplir sus mayores deseos.